Paul Schulze

Über Gewebemuster früherer Jahrhunderte

Ein Beitrag zur Geschichte und Entwickelung der Webekunst

Paul Schulze

Über Gewebemuster früherer Jahrhunderte
Ein Beitrag zur Geschichte und Entwickelung der Webekunst

ISBN/EAN: 9783743403154

Hergestellt in Europa, USA, Kanada, Australien, Japan

Cover: Foto ©Andreas Hilbeck / pixelio.de

Manufactured and distributed by brebook publishing software (www.brebook.com)

Paul Schulze

Über Gewebemuster früherer Jahrhunderte

Ueber Gewebemuster früherer Jahrhunderte.

Ueber
Gewebemuster früherer Jahrhunderte.

Ein Beitrag
zur Geschichte und Entwickelung
der Webekunst

von

Paul Schulze,
Conservator der Königl. Gewebe-Sammlung
und Lehrer an der Königl. Webe-, Färberei- und Appretur-Schule
zu Crefeld.

Mit 44 Abbildungen.

Theodor Martin's Textil-Verlag
Leipzig.

Vorwort.

Die kunstgewerblichen Bestrebungen der heutigen Zeit haben sich nicht zum kleinsten Theil demjenigen Industriezweig zugewandt, welcher für das Wohlbefinden des menschlichen Körpers in hervorragender Weise sorgt, und welcher in früheren Jahrhunderten ebenso wie jetzt den Wohlstand ganzer Städte und Landstriche beeinflusste, nämlich der Textil-Industrie. In Folge des Bestrebens, auch auf dem Gebiete der Musterung von Geweben, sei es für Kleider- oder Möbel-Stoffe, Leinen, Teppiche etc. wieder anzuknüpfen an die Vorbilder, welche längst vergangene Generationen hinterlassen haben, sind an vielen Orten Sammlungen von Meisterwerken der älteren Textilkunst entstanden, welche stoffliche Ueberreste von frühen Zeiten an: Gewebe, Handarbeiten etc. enthalten und welche hiermit den Fabrikanten und Musterzeichnern eine unerschöpfliche Fundgrube von Anregungen und Motiven für ihre Compositionen bieten. Es soll nicht Sache dieses Aufsatzes sein, die Enstehung oder den etwa erzielten Erfolg dieses kunstgewerblichen Aufschwunges näher zu behandeln. Derselbe soll nur in grossen Zügen ein Bild von der Entwicklung der Gewebemuster geben von den frühesten Zeiten an, um zu zeigen, welche Fülle von interessanten Details eine scheinbar so nebensächliche Materie wie das Muster eines Gewebes, oder wie der technische Ausdruck der grossen Menge heutzutage dafür ist, eines „alten Lappens" enthält.

Es kann diese Arbeit in ihrer gedrungenen Kürze naturgemäss einen Anspruch auf Erschöpfung dieses umfangreichen Thema's nicht machen, eines Thema's, dessen Wissenschaft noch verhältnissmässig jungen Datums ist und welche — wie besonders hervorgehoben sein mag — noch viel zu erforschen, zu erklären und von jetzigen Annahmen richtig zu stellen, übrig lässt.

Nachstehende Abhandlung erschien zuerst in der „Leipziger Monatschrift für Textil-Industrie" und später in etwas ergänzter Form in der, gleichfalls in Leipzig herausgegebenen, „Zeitschrift für Musterzeichner" (Organ des „Verbandes deutscher Musterzeichner").

Vielfachen Wünschen zufolge ist dieser Sonderabdruck veranstaltet worden.

Crefeld, im April 1893.

Der Verfasser.

ei der Festsetzung des Zeitpunktes, bei welchem mit diesen Betrachtungen begonnen werden soll, könnte man leicht glauben, dass die Kenntniss von Gebilden aus einem so leicht vergänglichen Material, wie die Faser des Flachses, das Haar des Schafes oder endlich der dünne Faden, welchen die Seidenraupe spinnt, nicht gar so alt sein kann. Doch weit gefehlt! Griffen wir beispielsweise zurück auf die Zeit, wo unsere Voreltern, wie der Dichter sagt, noch an beiden Ufern des Rheins auf Bärenhäuten lagen, d. h. auf den Anfang der christlichen Zeitrechnung und nähmen hier den Anfangspunkt einer textilen Kunst an, so machten wir damit eben solchen Fehler, als wenn wir noch 1000 Jahre zurückgingen, auf eine Zeit, wo von griechischer Kunst und Bildung und somit von einer Entwicklung europäischer Cultur noch sehr wenig die Rede sein konnte und glaubten hiermit auf die Entstehungszeit der Weberei gekommen zu sein. Wir können dreist die eben erwähnten 3000 Jahre noch einmal in die Vergangenheit, d. h. von der heutigen Zeit ca. 6000 Jahre zurücklegen und es finden sich an Denkmälern Beweise, dass schon in dieser grauen Vorzeit im alten Aegypten eine Cultur geherrscht hat, die das Vorhandensein einer textilen Kunst nicht nur nicht ausschliesst, sondern als bestimmt vorhanden annehmen lässt. Soll doch um das Jahr 4000 v. Chr. in Aegypten ein König Mena regiert haben, welchen einer seiner Nachfolger beschuldigte, das Volk durch übertriebenen Luxus verweichlicht zu haben; er wurde hierfür von den Priestern verflucht — jedenfalls auch schon ein Zeichen hoher Culturentwicklung — und dieser Fluch auf eine Steinplatte eingegraben. Ebers berichtet dann weiter, dass die Mutter des Königs Teta sich ebenso wie dieser selbst mit dem Studium der Medicin beschäftigt habe; ein von ihr erfundenes Mittel zur Beförderung des Haarwuchses berechtigt wohl zu dem Ausspruch, dass ein Volk, welches in der Cultur schon soweit vorgeschritten war, dass es künstlicher Mittel zur Beförderung des Haarwuchses bedurfte, über den adamitischen Zustand hinaus war und auch der Bekleidung des übrigen Körpers eine Aufmerksamkeit angedeihen liess, welche auf das Vorhandensein einer Weberei schliessen lässt. Sind nun auch keine textilen Ueberreste aus jener fernen Zeit auf unsere Tage überkommen, so zeigen doch die Wandmalereien in den Pyramiden die Aegypter bekleidet mit gestreiften Röcken, deren Hauptfarben blau, roth und gelb waren; ebenso finden sich daselbst

Fig. 1.

kleine Flächenmuster, welche augenscheinlich Reproductionen gewebter Muster sind: kleine, auf geometrischer Construction beruhende Effecte, das auf und abgerollte Seil, mäanderartige Linien, Combinationen aus Lotosblüthen (Fig. 1) u. A. m. Erhalten geblieben ist bis auf die Jetztzeit viel Mumienleinwand und ein dünner, florartiger Stoff, der Byssus; doch darf wohl von diesen Ueberresten der altaegyptischen Weberei ebensowenig ein Schluss auf diese in ihrer Allgemeinheit gezogen werden, wie spätere Generationen aus dem, was den Todten heutigen Tages mit in das Grab gegeben wird, auf die moderne Textilkunst folgern dürfen. Es giebt jedoch andere Momente, welche schliessen lassen vor Allem auf den Schmuck der Cultusgewänder. Durch eine Reihe von Jahrhunderten hindurch findet sich die Erscheinung, dass diejenigen Formen, welche im Cultus, in der Religion eine Verehrung genossen, waren sie menschlichen, thierischen oder pflanzlichen Ursprungs, in symbolischer Weise auch als Musterung der Priestergewänder oder der Tempelvorhänge angewendet wurden; sollte es daher nicht berechtigt sein, anzunehmen, dass auch die Aegypter die ihnen heiligen Thiere und Pflanzen in dieser Weise benützten? Findet sich doch diese Erscheinung bei dem in der bildlichen Darstellungsweise mit den Aegyptern so verwandten Volke der Assyrer in ausgebildetster Weise. Es dürfte daher am Platze sein, einige der Haupttypen hier anzuführen, welche der ungeheueren Mannigfaltigkeit der aegyptischen Ornamentation zur Basis dienten, und welche sich an den Tempeln der Götter, an den Palästen der Könige ebenso wie an den einfachsten Gebrauchsgegenständen vorfinden. In erster Linie sind dieses die Blüthen und Knospen der Lotos- und Papyruspflanze (Fig. 2), welche die Nahrung des Leibes und Geistes versinnbildlichten, dann der Scarabäus oder Mistkäfer (Fig. 3), jenes bläulich-schimmernde Insekt, welches die merkwürdige Natureigenschaft be-

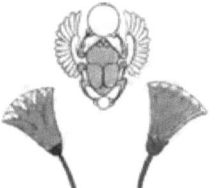

Fig. 2 und 3.

sitzt, seine Eier in animalische Auswurfstoffe zu legen, und aus dieser Masse alsdann eine Kugel um das Ei zu bilden; diese zieht der Käfer zwischen den Hinterbeinen solange hinter sich her, bis die Oberfläche getrocknet und hart geworden ist; die Aegypter erblickten in dieser Kugel, mit dem im Innern keimenden Leben, welches durch die Sonnenwärme zur weiteren Entwicklung gebracht wurde, die stets neues Leben hervorbringende Erdkugel, somit das Werk des Allschaffenden im verkleinerten Maassstabe. Die geflügelte Sonnenscheibe, welche den Himmelsraum durchschwebt, war ihrem Sonnencultus entsprechend das heiligste Bild, die Sonne war die höchste Potenz aller Naturkräfte. Als Urquell von Licht und Wärme war sie die Ursache von allem vegetativen und animalischen Leben, welches wieder die bedingende Grundlage für das geistige Leben des Menschen ist. Die Uränsschlange, deren Biss plötzlichen und schnellen Tod herbeiführt, galt als Symbol des Herrschers, des Gebieters über Leben und Tod. Ferner war noch geheiligt der Stier, Apis, dessen jährliche Feste in Beziehung zu den jährlichen Ueberschwemmungen des Nil standen. Ebenso wie der Stier der sichtbare Repräsentant des Gottes Osiris war, so waren es die Katze, der Ibis, das Krokodil etc. von anderen Gottheiten. An den Hauptcultusstätten dieser Götter wurden die ihnen heiligen Thiere besonders ernährt und geehrt.

Wie in dem vom Nil durchströmten Lande schon von altersher das Vorhandensein einer hochentwickelten Cultur nachgewiesen ist, so sind auch die Länder zwischen den grossen Strömen Euphrat und Tigris bereits in frühen Zeiten der Sitz einer ausgedehnten Kunst und Industrie gewesen. Wir lesen schon in der Bibel von der Herrlichkeit des alten Babylon, welches einen Umfang von 9—12 deutschen Meilen gehabt haben soll, von dem sagenhaften Thurmbau dieser Stadt, der Kunde giebt von ungeheuren Bauunternehmungen jener Zeit, von den hängenden Gärten der Semiramis u. A. m. In den Trümmern ihrer grossen Bauwerke fanden sich die zum Wandschmuck bestimmten Alabasterplatten, auf welchen in leicht erhabenem Relief die Thaten der Könige ausgemeisselt waren, grossartige figürliche Darstellungen! Diese letzteren nun geben uns eine solche Fülle von Motiven, gerade der Textilkunst angehörend, dass wir ein vollständiges Bild erhalten, in welcher Weise jenes barbarische Volk Gewänder, Teppiche und Vorhänge musterte. Wir sehen die Assyrer angethan mit weiten bis zu den Knöcheln reichenden befranzten Röcken, diese wieder durch Stickerei geschmückt mit scenischen Darstellungen: Thierkämpfen, phantastischen Thiergebilden, Löwenkörpern mit Flügeln und Menschenköpfen, menschlichen Körpern mit Flügeln und Vogelköpfen, dazwischen Bordüren mit Sternen und aneinandergereihten Rosetten, Zickzack-, Wellen- und mäanderartigen Linien, palmettenartigen Figuren und auch hier wieder die geflügelte Sonnenscheibe als Symbol des assyrischen Sonnencultus. Ein sehr charakteristisches Ornament jenes Volkes war der heilige Baum, der Baum des Lebens, welcher granatapfelartige Früchte trägt. Der Granatapfel selbst, welcher sich später in der christlichen Symbolik wiederfindet, spielt auch hier eine grosse Rolle und ist es interessant, auf die Symbolik hinzuweisen, welche derselbe in der Religion vieler Völker einnimmt. Fr. Fischbach sagt darüber: „Der Granatapfel war im Alterthum das Sinnbild der Liebe: Jupiter gab der bräutlichen Juno den Granatapfel zu kosten; Lea wollte sich die Liebe Jacobs, welcher der Rahel mehr zuund sticken mit gelber, scharlachner, rosinrother und gezwirnter weisser Seide zum Dienste des Heiligthums, wie der Herr geboten." Ueber die Amtstracht, welche für Aaron bestimmt war, heisst es dann weiter: „Ferner machten sie Aaron Amtskleider von gelber, scharlachener, rosinrother und gezwirnter weisser Seide .... sie schlugen das Gold und schnitten es zu Fäden, dass man es künstlich wirken konnte, ... und sie machten an den Säumen Granatäpfel von

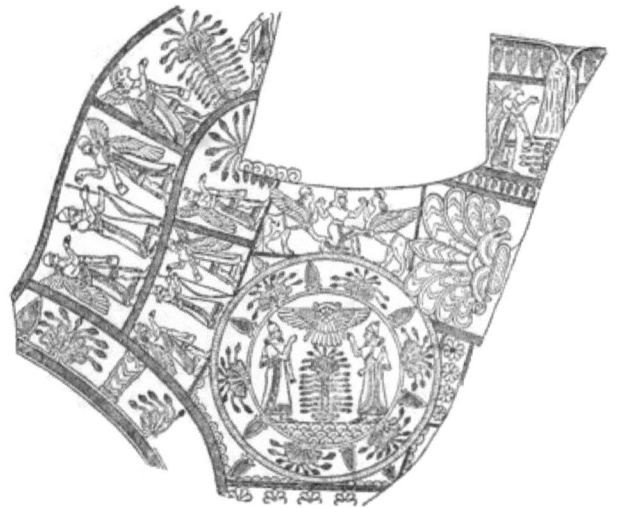

Fig. 4.

than war, durch Liebesäpfel erkaufen, deren Geruch schon zur Liebe aufmuntert; Pluto bekam Macht über Persephone, nachdem sie vom Granatapfel gegessen, und endlich ist der Apfel im weiteren Sinne das Symbol der zeugenden Naturkraft und war die verbotene Frucht des Paradieses." Auch über Gewebe assyrischen Charakters finden sich in der Bibel Angaben; eine besondere Fertigkeit muss danach schon damals in der Teppichfabrikation erreicht gewesen sein. Im 2. Buch Moses sagt dieser von den Verfertigern der zehn grossen, mit Cherubim geschmückten Teppiche der Stiftshütte: „Gott hat ihr Herz unterwiesen und mit Weisheit erfüllet, zu machen allerlei Werk, zu schneiden, wirken gelber, scharlachener, rosinrother und gezwirnter, weisser Seide." Die Abbildung Fig. 4 ist entnommen dem Bruchstück des Gewandes eines auf seinem Throne sitzenden assyrischen Königs. In dem Kreise, welcher von Palmetten und Granatäpfeln umgeben ist, steht der Baum des Paradieses, über welchem die geflügelte Sonnenscheibe schwebt; die figürlichen Darstellungen sind wohl Könige und Priester; die geflügelten Wesen Cherubim, theils mit Menschen-, theils mit Adlerköpfen, wie sie in den Visionen des Erzengels Michael die Gestalt eines Menschen haben, dessen Kopf ausser dem menschlichen Angesicht noch das eines Löwen, eines Stiers und eines Adlers besitzt. Die geflügelten Löwen mit

Menschenköpfen dürften niedere Gottheiten darstellen. Auch hier finden sich an den Säumen Borten von Granatäpfeln, während die langen Reihen von Quasten, welche die Säume umgeben (auf der Abbildung nur eine solche oben rechts) Zeugniss von einer entwickelten Fabrikation von Posamenterien geben. Aus dem häufigen Vorkommen des Granatapfels und der Cherubim-Darstellungen, wie sie auf den assyrischen Denkmälern zu sehen sind, auch auf den Stoffen, welche für die Stiftshüte angefertigt wurden, wird wohl mit Recht gefolgert, dass die Webekünstler derselben ihre Kenntnisse auf den Priesterschulen Niniveh's erworben hatten.

Ein drittes grosses Culturland im fernen Osten Asiens ist China. Für die Betrachtung der Gewebemusterung ist dieses deshalb von grossem Interesse, weil es das Mutterland des edelsten Materials der Weberei, der Seide, ist. Trotz des hohen Alters, welches die beglaubigte Geschichte dieses Reiches hat (ca. 3000 Jahre v. Chr.) findet sich schon vor dieser Zeit, im halbmythischen Zustande desselben, die hier in Betracht kommende Kunst, die Webekunst erwähnt. Bereits der Gemahlin des Kaisers Hoang-ti, 2698 v. Chr., Loui-tsen wird die Erfindung der Zucht der Seidenwürmer und des Webens ihres Gespinnstes zur Herstellung von Kleidungsstücken zugeschrieben. In Folge des strengen Gebotes, bei Todesfällen die Gewänder der Verstorbenen zu verbrennen, sind von sehr frühen textilen Ueberresten chinesischen Ursprungs wohl nur wenige oder keine der Jetztzeit erhalten geblieben; dennoch sind wir im Stande auf die Art der früheren Musterung von der jetzigen zu schliessen. Eine Haupteigenschaft des chinesischen Charakters ist die grosse Anhänglichkeit am Althergebrachten. Diese, gepaart mit einem wunderbaren Widerstandsvermögen gegen fremde Einflüsse, hat es vermocht, dass sich die Civilisation des himmlischen Reiches, im Alter kaum der aegyptischen nachstehend, die Eigenthümlichkeiten, welche ihr schon bei ihrem ersten Ursprung verliehen worden sind, durch mehr als fünf Jahrtausende zu bewahren gewusst hat. Bestehen doch heute noch eine Reihe von Gesetzen und Staatseinrichtungen, welche, ebenso wie die Herstellung der chinesischen Schrift, dem halbmythischen Herrscher Futri ca. 3460 v. Chr. ihre Entstehung verdanken sollen. Diesen Conservatismus, den die Chinesen in allen Verhältnissen des Lebens bewahren, haben sie auch auf die Kunstformen ausgedehnt; in der Kunst schreiten sie weder vor- noch rückwärts. Was nun die Decoration ihrer Stoffe anbelangt, so gelingen ihnen bei diesen Mustern am besten diejenigen, welche eine geometrische Grundlage haben; für eine gleichmässige Vertheilung einzeln stehender Formen über die Fläche fehlt ihnen das Gefühl. Dieser Umstand wird jedoch durch ihren Instinct für gute Farbenharmonie, welcher allen östlichen Völkern eigen ist, ausgeglichen. Sie ziehen in den Bereich ihrer Musterung alles irgend denkbare: Wolken, die Wellen des Meeres, Felsen, Muscheln, Vasen etc. sowie die gesammte Flora. Der letzteren angehörend findet sich die Lotosblume, schon von den Aegyptern her bekannt, vielfach verwendet; ebenso die Päonie oder Pfingstblume als Symbol des Himmels und der Erde — von dem ersten hat sie den Duft, von der zweiten den Schmuck. Neben einer grossen Zahl von geometrischen und Linienverzierungen, unter welchen auch hier wieder der Mäander, haben die Chinesen dann noch eine Reihe phantastischer Thierformen, deshalb besonders erwähnenswerth, weil in der abendländischen Weberei einige dieser Bestien in mehr oder minder veränderter Weise sich wiederfinden. Ungemein häufig angewendet wird der Drache, ein Wunderthier mit dem Kopfe eines Chamäleons, dem Geweih eines Hirsches, den Krallen des Adlers und dem Schweif der Schlange (Fig. 5). Er ist das Sinnbild höchster Weisheit, sein Reich ist überall, hoch oben auf den Bergen, in den Wolken, wie tief unten in der Erde, in der Luft, wie im Wasser. Der Drache ist das Wappenthier des Kaisers und der älteren Prinzen, als solcher ist er gewaffnet mit fünf Zehen an jeder Klaue, während der weniger mächtige Drache der jüngeren Prinzen vier Zehen und derjenige der Mandarinen nur drei solche aufzuweisen hat. Das Wappenthier der Kaiserin ist der Phönix, ein Vogel mit pfauenartigem Schweif und einem mit Warzen behafteten Kopf; er ist das Symbol eines glücklichen und langen Lebens. Das chinesische Pferd oder Khilin, ein Dammhirsch mit Pferdehufen, den Hörnern und dem Schweif vom Ochsen, findet sich bei den Assyrern als Einhorn wieder und ist als solches bis in die abendländische Weberei des 13. und 14. Jahrhunderts zu verfolgen. Erwähnen wir noch den chinesischen Löwen oder Hund Fo, so haben wir damit den Kreis chinesischer Fabelthiere geschlossen, welcher seine Mitglieder im bunten Durcheinander gemischt mit Theilen der Pflanzenwelt, zusammen mit den reichsten Liniencompositionen zu den ungemein charakteristischen Zeichnungen hergeben muss, mit welchen die Chinesen die Produkte der von ihnen mit grosser Geschicklichkeit geübten Webekunst schmücken.

Nachdem wir so die drei ältesten Kulturvölker in Afrika und Asien in Bezug auf die Musterung ihrer textilen Erzeugnisse betrachtet haben, gehen wir über nach Europa und wenden uns dort dem Volke zu, welches

Fig. 5. Moderner chinesischer Seidenstoff, den Drachen zeigend.

den Ausgangspunkt bildet für europäische Kultur, zu den Griechen. Nicht uninteressant kann es sein, einer näheren Prüfung zu unterziehen, wie denn wohl die kunstindustriellen Produkte hier, in unserem Falle der Weberei, ausgesehen haben, welche entstanden sind unter dem Geiste, der es vermocht hat, Bauwerke und Skulpturen hervorzubringen, welche in ihrer klassischen Schönheit noch unserer Zeit als Vorbilder dienen. Die Funde auf den ältesten Stätten griechischer Kultur, z. B. in Hissarlik, haben ergeben, dass die ältesten griechischen Decorationen aus den einfachsten Strichmustern, aus Nachahmungen von Zweigen, Muscheln, Fischen, Vögeln und vierfüssigen Thieren bestanden; so zeigen es die Ueberbleibsel der frühesten griechischen Keramik. Diese letzteren zeigen dann auch die in der heutigen Kunst so viel verwendeten Linienornamente: den Mäander — jene Verschlingung von im rechten Winkel gebrochenen graden Linien, welche in den verschiedensten Modificationen in der Ornamentation aller Völker zu finden ist, wie es scheint, eine dem Menschengeschlecht angeborene Verzierungsform —, ferner das Wellenband, die Zickzacklinie, Perlenschnüre, Eierstäbe etc. Konnten wir bis vor einigen Jahren nur von den Ueberresten jenes ein anderes Material behandelnden Industriezweiges, der Keramik, auf die Musterung von Webereien schliessen, gaben uns für die vollendetere bildliche Musterung der griechischen Gewebe nur die Schriftsteller in ihren Werken Aufschluss, so haben die, im Jahre 1879 in der Nähe von Temrjusk in Südrussland gemachten Gräberfunde bestätigt, wie berechtigt es ist, anzunehmen, dass auch schon im frühen Alterthume nicht jede Industrie eigene Verzierungsformen hatte, sondern dass sich der herrschende Geschmack über alle erstreckte. Unter jenen Gräberfunden, welche in dem Compte-rendu de la commission archéologique à St. Pétersbourg, 1881 näher beschrieben und abgebildet sind, befanden sich auch eine Anzahl von Geweben, deren Alter durch Inschriften unzweifelhaft festgestellt ist. „Das eine gehört einer Frau aus dem 4. Jahrhundert v. Chr. an. Der grösste Theil des Gewebes besteht aus violet gefärbter Wolle, deren Textur dem einfachen Leinengewebe entspricht; hieran ist jedoch ein grüner Wollstoff genäht, der die Textur des heutigen Ripses deutlich erkennen lässt. Verziert ist das Gewebe durch Stickerei im Plattstich, wobei weisse, gelbliche, röthliche, grüne und schwarze Fäden verwendet sind. Auf einem Stücke sieht man eine mit grünlichem Chiton bekleidete Amazone zu Pferde, welche mit der Rechten ihre Lanze schwingt. Mit zartem Frauengefühl ist die Stickerei eines anderen Theiles desselben Gewandes behandelt. Lange gelbe Ranken tragen kelchförmige Blumen und grünliche Früchte, zwischen denen sich stilisirte Stauden zeigen. Dem Grabe eines Kriegers, welcher im 4. Jahrh. v. Chr. gleichfalls in einem Grabhügel am Kubangebiet bestattet wurde, ist eine grosse, über den Sarkophag gebreitete Decke entnommen, welche eine Breite und Länge von circa $3^{1}/_{2}$ Meter gehabt zu haben scheint. Diese Decke ist aus Schafwolle locker gewebt; sie besteht aus 10 Streifen von 3 Meter Breite, welche der Länge nach aufeinander genäht waren. Nachdem dies gesehen war, wurde die Decke aufgespannt und bemalt. Den Grund bildete die gelbe Farbe des Gewebes, darauf wurde von dem Künstler die schwarze Farbe mit Aussparung der Figuren aufgetragen. Bei der Ausschmückung der Decke richtete er sich nach den Streifen des Gewebes, indem er abwechselnd einen Streifen mit Scenen der Sagen, dann einen mit Ornamenten füllte. Die ersteren verzierte er mit besonderen Borten, wobei er Lorbeer- oder Oelblätter oder Epheuguirlanden verwendete. Im Ganzen lassen sich sechs verschiedene Muster dieser Borten unterscheiden. Dass die Decke ein rein griechisches Produkt ist, beweisen die zahlreichen griechischen Inschriften des Gewebes. Der Name Jokaste zeigt, dass Scenen aus der Oedipus-Sage auf einem der Streifen dargestellt waren; die Namen Phaidra und Eulimene neben zwei in

Fig. 6.

heftiger Bewegung begriffenen Frauen und der Name Aktaia machen es wahrscheinlich, dass dieser Streifen den Ringkampf des Peleus mit der Thetis enthielt; der Name Jolkos weist auf die Heraklessage hin, zugleich aber dient diese Namensform (statt Jolaos), sowie die Beischrift Athenaia bei der mit der Aegis bewaffneten Göttin, zum Beweis, dass der Maler aus Attika war, wodurch die nahe Beziehung zwischen Attika und Südrussland vor Augen tritt. Die ältesten Produkte der griechischen Webekunst enthielt einer der Kurgane aus der Zahl der sogen. „sieben Brüder" nicht weit vom Ufer des Kuban. Es ist ein kleines Stück eines fast durchsichtigen Wollenstoffes, welches in einem Grabe des fünften vorchristlichen Jahrhunderts gefunden wurde; es zeigt Zickzacklinien mit Punkten, grosse Kreuze, den Mäander und ähnliche Verzierungen. Fig. 6. In demselben Grabe, dem die grosse Sarkophagdecke entstammte, fand sich eins der kostbarsten, mit grösster Kunst ausgeführten Stücke griechischer Weberei. Es ist dieses ein Wollenstoff von unübertroffener Feinheit. Das Gewebe zeigt auf der einen Seite die Textur des Rips-es, auf der anderen die des Atlas und beweist somit, dass die griechische Webekunst es im 4. Jahrh. v. Chr. schon zu grosser Vollkommenheit gebracht hatte. Ferner zeigen die auf solchem Grunde nach Art der Gobelins hergestellten Ornamente auf beiden Seiten genau dasselbe Bild. Der Grund ist von zarter kirschbrauner Farbe, von demselben heben sich, mit greller Farbe hineingewebt, 5 Reihen von Enten ab, welche die Flügel heben und die Köpfe abwechselnd nach links und rechts wenden. Fig. 7. An den Flügeln und am Leib, besonders aber an Brust und Kopf treten Federn von einem schönen, dunklen Grün, welches sich in grosser Frische erhalten hat, zu Tage. Durch eine ornamentirte Linie sind Reihen von Hirsch-

Fig. 7.

köpfen, von den Enten geschieden, eingewebt." (Compte-rendu etc.) Es sind ferner daselbst gefunden worden: eine Goldstickerei, Guirlanden mit Epheublättern darstellend; ferner ein Stück weisslichen Wollenzeuges nach Art unseres heutigen Sammetes aufgerauht; und endlich ein Stückchen gelben Seidenzeuges rautenartig façonnirt. Die meisten dieser Kunstprodukte sind Unica, wie sie nur im Boden Süd-Russlands aus so alter Zeit durch eine besondere Gunst der Umstände erhalten wurden, während von allen auf uns gekommenen, sonstigen europäischen Webereien mit bildlichen Darstellungen die ältesten Ueberreste, wie wir sehen werden, nur bis in die römische Kaiserzeit zurückreichen. Wie für den Forscher diese vorhandenen Reste der griechischen Webekunst von allergrösstem Werthe sind, so bieten die in grosser Zahl vorhandenen literarischen Notizen ein Bild von der Kunstfertigkeit griechischer Bildwirkerei, welche diese würdig an die Seite der übrigen auf so hoher Stufe stehenden Künste stellt. Es würde zu weit führen, alle die bezüglichen Stellen zu erwähnen, — (vergl. Fr. Fischbach, Geschichte der Textilkunst, pag. 12 u. f.) — nur zwei wollen wir des besonderen Interesses wegen herausgreifen. Ovid giebt in der Verwandlung der Arachne ein klares Bild von der Entwicklung, welche die Textilkunst damals erreicht hatte. Es war eine Lust, heisst es bei Ovid, der Arachne zuzuschauen, wie sie rohere Wolle auf Ballen wickelte, mit den Fingern ihr Werk lockerte und daraus feinere Fäden zog. Sie tritt mit der Pallas Athene, der Mutter der Webekunst, in einen Wettstreit ein, um zu erproben, welche von beiden der anderen in der Wirkerei scenischer Darstellungen überlegen wäre:

„Beide nun treten ans Werk, alsbald an verschiedenen Plätzen,
Und mit feinem Gespinnst aufspannen sie jede den Aufzug.
Fest ist dieser am Baum, und der Rohrkamm sondert die Fäden.
Ein in der Mitte gefügt wird mit spitzigem Schiffchen der Einschlag,
Diesen entwickeln die Finger; und ist er geführt durch die Fäden,
Schlagen ihn fest mit dem Stosse des Kamms die durchbrochenen Zähne.
Beide beeilen das Werk; und gegürtet am Busen die Kleider,
Rühren — es kürzt der Eifer das Werk — sie die kundigen Arme.
Dort wird Purpur gewebt, der tyrischen Kessel empfunden,
Eingelassen auch wird geschmeidiges Gold in die Fäden,
Und das Gewebe durchzieht ein alterthümlicher Inhalt.
Auf der Cecropischen Burg stellt Pallas den Felsen des Mavors
Dar und den Streit, der einst sich erhob um den Namen des Landes.
Himmlische, zwölf an der Zahl, in der Mitte Jupiter, sitzen
Hoch auf Sesseln in würdigem Ernst, und jeden der Götter
Zeichnet sein eigen Gesicht, den Jupiter königlich Ansehn.
Stehen den Meergott lässt sie, den langgeschäfteten Dreizack
Stossend ins harte Gestein, und mitten heraus aus der Wunde
Springen das Meer, durch solchen Beweis die Stadt sich zu eignen.
Selber sich giebt sie den Schild und die Lanze mit schneidender Spitze,
Giebt dem Haupte den Helm und der Brust die schützende Aegis,
Und von ihrem Speere durchbohrt stellt dar sie die Erde,
Treibend hervor mit Beeren das Schoss des ergrünenden Oelbaums,
Staunend sehen es die Götter. Das Werk umkränzet ihr Siegeslaub.

Doch die Mäonerin (Arachne) zeigte vom Stiere getäuscht die Europa.
Wahrhaft schien zu leben der Stier, und zu wallen die Meerfluth;
So, wie sie augstvoll rief den Gespielinnen, und die Benutzung
Scheute der hüpfenden Fluth, und die furchtsame Ferse zurückzog.
Auch Asteria schuf sie, gefasst vom ringenden Adler;
Leda dem Schwan, und Antiope hold dem gehenkelten Satyr:
Wie in Amphitrions Bild einst Jupiter warb um Alkmene;
Wie er, ein Hirt, Mnemosine täuscht, und im Feuer Aegina,
Wie um Danaë Gold, und ein Drach' um Proserpina spielte.
Aber den Bord umringte mit Blumen durchflochtener Epheu.
Selbst nicht Pallas vermag, noch die Missgunst, sagten die Nymphen.
Dir zu tadeln das Werk. An belebender Kunst und Gestaltung
Gleichst der Unsterblichen du; doch mit edlerer Seele belebt sie."

Wie Ovid weiter berichtet, weiss Pallas Athene, trotz der Anerkennung, welche Arachne für ihr Werk fand, der letzteren keinen Dank dafür, im Gegentheil, zur Strafe, weil sie gewagt hat, die Tochter an die galanten Abenteuer des Vaters zu erinnern, wird sie von der Göttin in eine hässliche, jedoch im Weben bewanderte Spinne verwandelt.

Ein zweites, recht anschauliches Bild von der griechischen Textilmusterung giebt folgende Stelle, in welcher Odysseus der Penelope den Anzug beschreibt, welchen er bei seinem Wegzuge nach Troja getragen hat:

„Purpurn war und rauh das Gewand des edlen Odysseus, Zwiefach; . . . .
. . . . . und vorn war prangendes Stickwerk:
Zwischen den Vorderklauen des wild anstarrenden Hundes
Zappelt ein fleckiges Rehchen; und Jeder schaute bewundernd,
Wie, aus Golde gebildet, der Hund anstarrend das Rehkalb
Würgete, aber das Reh zu entflieh'n, mit den Füssen sich abrang."

Diese Stickerei ist deshalb besonders interessant, weil in der Gewebemusterung des XIII. Jahrh. sich fast dasselbe Muster wiederfindet. So wird in der Königl. Gewebe Sammlung zu Crefeld der nachstehend abgebildete Stoff aufbewahrt, welcher die beschriebene Scene aus dem Thierleben in grosser Aehnlichkeit zeigt. Auch hier ist das Reh'chen gepackt von einer „wildanstarrenden" Bestie, während „das Reh zu entflieh'n mit den Füssen sich abringt". Wenn bei Homer kostbarer Prachtstoffe, trefflicher Webereien oder künstlicher Metallarbeiten gedacht wird, so sind es wohl meist phönizische oder „sidonische" Männer, von denen dieselben herrühren; wie denn auch dasjenige, was an sichtbaren Spuren aus jener frühen Zeit auf uns gekommen ist, das Vorwalten orientalischen Formensinns erkennen lässt. Die Motive, die aus dem Osten kamen, hauchten die Griechen mit dem Geiste ihrer Zeit an und verarbeiteten sie in völlig selbstständiger Weise unter dem Einfluss der gänzlich vom Orient verschiedenen Natur ihres Landes.

Stoffmuster des 13. Jahrhunderts. Original in der Kgl. Gewebesammlung zu Crefeld. ($^1/_{12}$ der natürl. Grösse.)

Haben wir bei den Griechen gesehen, dass sie auf dem Gebiete der textilen Kunst anknüpften und weiterbauten an den Erzeugnissen und den Formen, welche andere Länder und Völker vor ihnen und mit ihnen zugleich anfertigten und benutzten, so sind wir um so mehr berechtigt, ein Gleiches bei dem römischen Volke anzunehmen, dessen ganze Kunstentwickelung, wie Gottfried Semper ausführt, „erblicher und entlehnter Hellenismus, erbliches und entlehntes Asiatenthum in Eins verschmolzen" ist. Die Griechen und die Römer hatten die gleichen technischen Grundsätze und Methoden des Kleidens, der Töpferei, des Metallarbeitens etc. Die häuslichen Einrichtungen waren ursprünglich dieselben, desgl. viele architektonische Grundformen und Kunstsymbole. Es ist ferner festgestellt, dass in der decorativen Malerei der Wohnräume die Römer sowohl den Geschmack wie die Mittel, um diesem zu genügen, von den Hellenen haben. Daher kommt es, dass es heute schwierig ist, im Einzelnen bestimmt zu entscheiden, ob gewisse römische Motive, die auch griechisch sind, einer alten gemeinsamen Tradition angehören oder von Hellas eingeführt wurden. Bei dem gänzlichen Fehlen textiler Ueberreste aus frührömischer Zeit sind wir angewiesen, der Vermuthung Raum zu geben und nach dem oben Ausgeführten sind wir hierbei wohl berechtigt, auf eine grosse Uebereinstimmung in der Gewebemusterung zwischen griechischen und römischen Motiven zu schliessen. Fanden sich auf den griechischen Stoffresten des 5.—4. Jahrh. v. Chr. Streifen, Mäander, Zickzacklinien etc., so dürfen wir gleiche Muster wohl auch auf römischen Geweben annehmen, wie denn auch die Wandmalereien von Pompeji und Herculanum — allerdings einer späteren Zeit angehörend — die Stoffe gemustert und bestickt zeigen in oben beschriebener Weise.

Wie die Geschichte der Trachten lehrt, dass das weite, faltige Staatskleid der Römer, die Toga des Mannes, ebenso wie die Gewandung der Frau, in früher Zeit aus Wolle gewebt und einfarbig war, nur durch edlen reichen Faltenwurf wirkend, so ist es uns nicht unbekannt, dass daneben auch bunt gemusterte Gewebe getragen wurden. Sind doch aus vorchristlicher, wie aus der Zeit nach Christi Geburt Gesetze bekannt, welche das Tragen bunter Stoffe verboten und unter Strafe stellten. Im 4. Jahrh. n. Chr. wird von dem Bischof von Amasia in Klein-Asien, Asterius, über den Kleiderluxus der Christen geklagt, er sagt, sie liefen herum wie bemalte Schau-Wände, viele kleideten sich in Gewänder, auf welchen die Wunderthaten Christi abgebildet wären, andere sehe man mit Löwen, Bären, Felsen und Jägern, so dass die kleinen Kinder mit Fingern darauf zeigten. Wir werden weiter unten Gelegenheit haben, einige auf die Jetztzeit überkommene Gewebe kennen zu lernen, welche einen Begriff von den grossartig figurirten Texturen des spätrömischen Reiches geben. Doch nicht nur in der Musterung zeigte sich ein Hang zum Uebertriebenen, wie er durch die Worte des Bischofs Asterius charakterisirt wird, auch im Material der Gewebe beginnt mit der Zeit nach Christi Geburt eine Pracht und ein Luxus sich zu entfalten, welcher an das Unglaubliche grenzt. Vor Allem war es die Seide, welche jetzt mehr und mehr in die Erscheinung trat und an den prunksüchtigen Kaiserhöfen Roms die ausgedehnteste Verwendung fand. Wenn wir lesen, dass noch unter dem Kaiser Aurelian (270—275 n. Chr.) die Seide durch ein gleiches Gewicht an Gold aufgewogen wurde, so bekommen wir einen Begriff von der Verschwendung, welche ein Herrscher wie der blutdürstige Caligula (37—41 n. Chr.), „ein wahnwitziger Verschwender", trieb, indem er sich nur in Seide kleidete, so dass ihm der Beiname „sericatus", „der Seidene" wurde.

Ein höchst seltenes Stück antiken Seidengewebes, vielleicht des ältesten von römischem

Fig. 8. Nach G. Semper „Der Stil".

Ursprung, bildet Gottfried Semper in seinem Werke „Der Stil" ab, Fig. No. 8; auch befindet sich im Königlichen Kunstgewerbe-Museum zu Berlin eine Copie desselben Stückes; nur ist die — wohl auf Vermuthung begründete — Ergänzung des im Muster nicht vollständigen Originalgewebes an beiden Stellen verschieden. Während Semper, der auf einem seehundartigen Unthier sitzenden, weiblichen Figur einen mit der rechten Hand gehaltenen Schleier über dem Haupte schweben lässt, trägt die Figur auf der Ergänzung im Königl. Kunstgewerbe-Museum zu Berlin einen Fruchtkorb, ähnlich der Pomona, auf dem Kopfe. Dieser merkwürdige Stoff, für dessen römischen Ursprung auch das Akanthus-Rankenwerk spricht, welches sich unter dem Thierkörper hinzieht, befand sich in einem elfenbeinernen, mit dem Bilde des Aeskulap und der Hygiaea verzierten Kästchen, welches sich im Archiv des Domcapitels in der Valeriakirche zu Sitten in der Schweiz vorfindet Die Verzierungen dieses ganz seidenen geköperten Stoffes heben sich braungelblich vom dunkelgrünen Grunde ab.

Der hier erwähnte Seidenstoff aus Sitten, die beschriebenen Gewebereste griechischen Ursprungs aus Süd-Russland und noch zwei oder drei andere Stoffstückchen in verschiedenen Museen sind wohl die einzigen bekannten Ueberreste gemusterter Textilerzeugnisse vorchristlicher Zeit. Stoffe, welche mit Bestimmtheit den ersten drei Jahrhunderten christlicher Zeitrechnung zugetheilt werden könnten, sind bis jetzt nicht bekannt. — Erst vom 4. Jahrhundert an sind uns Stoffreste erhalten.

Um zu den Fundstellen wohl der ältesten nachristlichen Gewebe zu gelangen, kehren wir noch einmal zurück nach dem Lande, dessen Bodenbeschaffenheit vor Allem geeignet ist, ihm anvertraute Schätze zu erhalten, nach Aegypten. In Sakkarah und Akmûn in Oberägypten sind während der letzten Jahre grosse Todtenfelder aufgedeckt worden, welche die Todten nicht in der Art der altägyptischen Mumien in Leinenstreifen gewickelt enthielten, sondern angethan mit den Gewändern, die sie im Leben getragen haben. Finden wir doch vielfach geflickte oder gestopfte Kleiderreste, sogar Kinderkleidchen, welche, wie man zu sagen pflegt, eingenäht sind, die also erst bei fortschreitendem Wachsthum der Kleinen hätten ausgelassen werden sollen. Ein vollständiges Bild der Tracht damaliger Zeit geben diese Gewänder: die bis zu dem Boden reichende Tunica, die weitärmelige Stola und die kurze, nur bis zu den Knieen reichende Tunicella. Mehr jedoch als die Trachten interessiren uns hier die Stoffarten, aus denen jene hergestellt wurden. Da findet man groben dicken Wollstoff, welcher nicht nur zu Wintermänteln gebraucht wurde, sondern auch im Sommer mit Wasser begossen zur Kühlung der Weingefässe diente, Wollripse, mäanderartig gemusterte, dicht geköperte Wollstoffe mit breiten eingewebten Pupurstreifen, Wollstoffe augenscheinlich über Ruthen gewebt und so den Eindruck ungeschnittenen Sammets hervorrufend, glatte

Leinenstoffe, Baumwollzeuge, auf einer Seite in Art der zu Badehandtüchern verwendeten Rubberstoffe gewebt, gemischte Gewebe aus Leinen, Baumwolle oder Wolle mit Seide, mit kleinen damascirten Mustern. Alle diese Stoffe und noch manche andere sind aus dem trockenen Sandboden nach fast einem und einem halben Jahrtausend wieder an das Tageslicht gezogen.

Unser grösstes Interesse müssen jedoch unstreitig die zum Zierrath der Gewänder gewebten Besatzstreifen und die als Rangabzeichen dienenden quadratischen und runden Besatzstücke hervorrufen. Fig. 9a.

Bei Betrachtung derselben können wir uns vorstellen, in welcher Weise die grossartigen, scenischen Darstellungen gewebt wurden, die uns Ovid so prächtig beschreibt. In vielfarbigen Wollfäden, heut noch zum Theil in wunderbarer Leuchtkraft der Farben erhalten, sind diese Verzierungen in Gobelintechnik gewirkt. Es sind ornamentale und figürliche Darstellungen in grosser Mannigfaltigkeit, deren Zeichnungen theilweise den klassischen Einfluss erkennen lassen, während andere äusserst steif in der Formengebung sind. Stierkämpfer, Steinschleuderer, Bogenschützen und Speerwerfer mit Schilden, paarweis gegenüber

Fig. 9a. Original in der Königl. Gewebesammlung zu Crefeld (⅔ der nat. Grösse).

gestellte Reiter mit Lanzen Löwen und Leoparden jagend, Engel mit Flügeln, ferner Thiere, wie Steinböcke, Hasen, Vögel, endlich Fruchtkörbe und Rosetten, durchzogen und umgeben von dem verschiedenartigsten Rankenwerk, sind in überraschender Mannigfaltigkeit wiedergegeben. Es ist nicht möglich durch die Beschreibung ein auch nur annäherndes Bild von dem Formenreichthum zu geben, der hier aus einer so fernen Zeit uns entgegenschaut. Doch nicht nur Wollen- und Leinenstoffe hat die Aufdeckung dieser Gräber zu Tage gefördert, sondern auch Seidenstoffe, in welchen sich die Muster der Wollstoffe bedeutend verfeinert zum Theil

christlicher Weberei sehen, ungefähr aus der Zeit vom dritten oder vierten bis in das achte Jahrhundert.

Doch gehen wir jetzt zur Betrachtung der eben erwähnten persischen Webereien über. Zur selben Zeit, als das römische Volk durch die Verweichlichung seiner Sitten und durch die Kraftlosigkeit seiner Regenten mehr und mehr an Selbstständigkeit verlor und die Herrschaft Roms ihrem Untergange entgegeneilte, gelangte in Asien auf den Trümmern einer früheren Cultur das Reich der Perser zu neuer Blüthe.

Nach dem Sturze der Parther bemächtigte sich im Jahre 226 n. Chr. Artaxares I. der

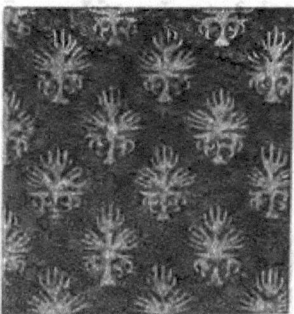

Fig. 9b. Original in der königl. Gewebesammlung zu Crefeld.

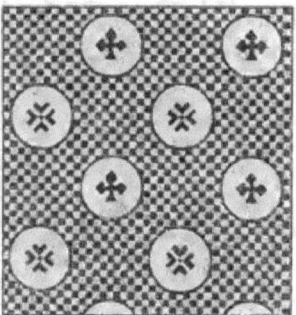

Fig. 9c. Original in der königl. Gewebesammlung zu Crefeld.

wiederfinden. Wir können kleine, kaum erbsengrosse Muster sehen, gebildet aus kleinen Rauten, Herz- und Trefformen, dann grössere schrägcarrirte Zeichnungen, in denen wieder die Zeichen der Spielkarten: Herz, Carreau, Treff, Pique sich finden (Fig. 9b und 9c), ferner grosse Kreise mit Ornamenten und Reiterfiguren in der Mitte, wie sie in den damals herrschenden Stoffen persischer Fabrikation — die nachher besprochen werden sollen — im Gebrauch waren. Es ist bis jetzt noch nicht möglich gewesen zu bestimmen, ob diese Seidengewebe persische Originalstoffe oder ob sie in Alexandrien, Antiochien oder Byzanz, wo damals Werkstätten der Weberei blühten, hergestellt worden sind. Ebenso wenig ist man heut zu Tage schon in der Lage, alle diese Stoffe aus koptischen Gräbern ihrem Alter nach zu bestimmen. Jedenfalls dürfen wir unter ihnen die ältesten erhaltenen Erzeugnisse nach-

Regierung über ganz Mittelasien; er gründete die Herrschaft des Geschlechts der Sassaniden, welches 426 Jahre über Persien regierte. Der grösste Fürst, welchen Persien besessen hat, war Khosroës Nuschirwan 531—579. Unter seiner weisen Regierung blühten Handel und Gewerbe und vor Allem die Webekunst; von der damaligen hohen Vollendung derselben geben Originaltexturen, die sich bis auf unsere Tage erhalten haben, Zeugniss. Meist als Reliquienhüllen haben sich die Gewebereste erhalten. Die phantastischen, grossartig angelegten Muster, die Gleichmässigkeit der Bindung und des verarbeiteten Materials, die Thatsache, dass die Gewebe, wie wir das bei dem unter Fig. No. 10a abgebildeten Stoffe sehen werden, theilweise mit mehreren Schussfarben, bis zu 5, übereinanderliegend gewebt sind, endlich die oft wohlerhaltenen Farben sind dazu angethan, den heutigen Weber in Erstaunen zu setzen. Man muss jene alten Texturen im

Original in der Hand gehabt haben, über welche fast anderthalb Jahrtausende hinweggegangen sind und man wird Hochachtung bekommen vor den Webekünstlern jener grauen Vorzeit, welche nicht Webstühle von unserer heutigen Vollkommenheit zur Hülfe

Nein! Wir können schneller fabriciren aber sehr viel besser können wir es nicht!
Betrachten wir nun die Muster jener sassanidischen Kunstweberei. Es sind grosse Kreise in Reihen über- und nebeneinander gestellt, an den Berührungsstellen durch

Fig. 10a. Original in der St. Servatiuskirche zu Maestricht (¹/₂ d. natürl. Grösse).

gehabt haben. Unwillkürlich drängt sich dem Kenner die Frage auf: haben sich die textilen Erzeugnisse der Jetztzeit jenen ehrwürdigen Geweben gegenüber wohl im selben Verhältniss verbessert, wie die Maschinen der heutigen Zeit die damaligen primitiven Hülfsmittel überragen? Die Antwort muss wohl ausfallen:

aufgesetzte Rosetten, kleinere Kreise oder Vielecke zusammengehalten. Dieses ist eine charakteristische Musterung, welche sich vom 4. und 6. Jahrhundert an auf römischen, sassanidischen und byzantinischen Texturen bis in das 12. und 13. Jahrhundert vorfindet. Die Ornamente, welche bandförmig die Kreise umziehen, sowie die in die Zwischenräume der Kreise gesetzten Füllornamente sind von einer weniger strengen Stilisirung wie die Formen der unter klassischem Einfluss entstandenen Gewebe; es macht sich der orientalische Ursprung sowohl in diesen Formen, wie in den figürlichen Darstellungen geltend, welche das Innere der Kreise beleben. — Im Schatze der St. Ursula-Kirche zu Cöln a./Rhein befindet sich ein Stoffstück, welches einzeln gestellte Kreise mit dazwischen liegenden

Fig. 10 b. Nach G. Semper „Der Stil".

Rosetten zeigt. Die Kreise enthalten paarweis gegenübergestellte männliche Figuren zu Pferde, letztere mit Flügeln versehen. In der St. Servatius-Kirche zu Maestricht befinden sich Stücke des unter Fig. No. 10a abgebildeten Gewebes, von welchem auch im St. Ambrogio-Schrein zu Mailand und im königl. Kunstgewerbe-Museum zu Berlin sich Abschnitte befinden und welches von einer bewunderungswürdigen Herstellungsweise ist. Das Muster giebt zwei auf der Löwenjagd befindliche Perserkönige. Die Darstellung von Jagdscenen war den, dem Waidwerke mit Vorliebe huldigenden Orientalen, geläufig; wie sich denn auch, wie wir sehen werden, auf die Jagd bezügliche Motive bis in den Schluss des 14. Jahrhunderts bei den, unter orientalischem Einfluss stehenden, Textil-Erzeugnissen wiederfinden. Der paarweisen Gegenüberstellung der Hauptmotive darf eine besondere Bedeutung nicht beigelegt werden, da ja diese Erscheinung durch die Webetechnik bedingt ist. Doch nicht nur Kreise waren es, deren Mitten durch jene eigenthümlich stilisirten Reiter- und steif gezeichneten Thierfiguren gebildet wurde, auch Vielecke, in Reihen neben- und übereinander gestellt, wurden gefüllt mit den „Kleiderbestien" dieses neubabylonischen Seidenstils; endlich durchziehen jene chimärischen Löwengestalten auch ohne Umrahmung, in Reihen geordnet, paarweise gegenübergestellt, den Gewebefond. So bildet G. Semper in seiner „Textilkunst" (Der Stil, Band I) ein Seidengewebe ab (Fig. No. 10b), angeblich dem 4. oder 5. Jahrhundert n. Chr. angehörend, bei welchem er gleichzeitig auf die eigenthümliche Uebereinstimmung des darauf verwendeten Motives mit der Skulptur über dem Thore von Mykene und ähnlichen Darstellungen auf ältesten Vasen hinweist. Sassanidinische Originalgewebe befinden sich, ausser in den genannten Kirchen, wohl am reichhaltigsten vertreten in der Stoffsammlung des Königlichen Kunstgewerbe-Museums zu Berlin, in welchem der Wissenschaft über ältere Textilkunst ein hervorragendes Interesse gewidmet wird.

Kehren wir von unserem Abschweifer nach dem persischen Wunderlande wieder zurück auf den Boden Europa's, kommen wir zur Betrachtung der Seidenweberei von Byzanz. Diese, seit Konstantin dem Grossen an die Stelle des alten Rom getretene, neue Kaiserstadt suchte es der alten auf dem Gebiete der Kunst in jeder Weise gleichzuthun. Hier zogen sich die künstlerischen Kräfte der alten Welt zusammen; hier erhielt sich „während der dunklen Zeit des frühern Mittelalters der glimmende Funken der Kunst, an dem sich später ein neues Leben entzünden sollte", während im Abendlande, durch die gewaltigen Stürme der Völkerwanderung, die Kunstthätigkeit auf längere Zeit mehr und mehr erlosch. War die byzantinische oder altchristliche Kunst in der ersten Periode ihrer Entwickelung ein Gemisch aus den Einflüssen des Occidentes, unter dessen Herrschaft Byzanz' stand, und der asiatischen Völker, welche dem römischen Joche unterthan gemacht worden waren, so beginnt mit der Regierung Kaiser Justinian's (527—565) eine Epoche selbständigen Bildens einer neuen Kunstform. Die Blüthezeit dieses byzantinischen Stiles reicht bis in die ersten Jahre des 13. Jahrhunderts (1204). Beginnt auch in dieser Zeit schon der Verfall dieser prunkenden, prachtliebenden Kunstrichtung, so wurde dieselbe bei den Völkern des oströmischen Reiches noch bis zu dessen Eroberung durch die Türken (1453) geübt; und noch heute sehen wir in der griechischen Kirche, bei Russen und Griechen, den byzantinischen Einfluss maassgebend. — Die Regierung des Kaisers Justinian war in der Kunst ebenso wie in der Geschichte der Glanzpunkt des byzantinischen Reiches; nicht mit Unrecht wird dieser Kaiser mit Ludwig XIV. verglichen. „Beide bewiesen dieselbe unermüdliche Thätigkeit und Geschäftigkeit, Beide waren von derselben Bigoterie beseelt, auf Beiden lastete Weiberherrschaft und in Beider Staaten brachte die Begierde nach Kriegsruhm und eine auf grossen Steuerdruck gegründete Prachtliebe dieselben Erscheinungen hervor." Justinian brachte alle die Finanzoperationen der neueren Staatkunst, um die Staatseinnahmen zu vermehren, in Anwendung: Zölle aller Art, Steuern auf Lebensmittel, Staatsmonopole etc. Zu den letzteren gehörte nun vor Allem das Monopol auf die Herstellung kostbarer Seidenstoffe. Es beginnt erst mit dem Zeitalter Justinian's die Zucht der Seidenraupe in Europa; vor dieser Zeit wurde dieselbe aus Indien und China importirt, welche Länder die Gewinnung der Seide als strengstes Geheimniss bewahrten und die Ausfuhr von Eiern des Seidenschmetterlings mit schweren Strafen belegten. Zwei Mönche, so erzählt die Sage, brachten in ihren ausgehöhlten Pilgerstäben jene kostbaren Objecte, die Eier des Maulbeerspinners und die Samen des zu seiner Ernährung nothwendigen Maulbeerbaumes im Jahre 555 von einer Pilgerfahrt nach dem Land der Serer, dem fernen Indien, nach Europa; es waren diess die ersten Keime, aus welchen sich in Byzanz und Griechenland ein Industriezweig entwickeln sollte, dem Europa heutzutage einen beträchtlichen Theil seines Reichthums verdankt. Justinian wusste den grossen Werth der Seidenzucht und Seidenweberei richtig zu schätzen; rühmt ihm doch ein älterer Geschichtsschreiber wohl mit Recht nach, dass er mit der Cultivirung des Maulbeerbaumes einen Culturzweig eingeführt habe, der wichtiger und einflussreicher war, als seine Eroberungen und Gesetze. Er zog Seidenarbeiter in seine Fabriken aus den Ländern, welche auf dem Gebiete der textilen Kunst schon Hervorragendes leisteten, oder welche in Concurrenz mit ihm sich befanden. Wir haben gesehen, dass die Perserkönige aus dem Geschlechte der Sassaniden, ebenso wie Justinian, grosse Seidenfabriken angelegt hatten und wie sie dem Seidenhandel, in richtiger Würdigung ihrer günstigen geographischen Lage, als die Vermittler von Ost und West, die grösste Aufmerksamkeit zuwandten. Deshalb waren es auch in erster Linie persische Webekünstler, welche Justinian für seine kaiserliche Webemanufactur zu erwerben suchte. Naturgemäss gaben diese den ihnen eigenen Kunstgeschmack nicht sogleich auf, und so finden wir denn in der Musterung der byzantinischen Seidengewebe, besonders in der ersten Zeit dieser Epoche, eine grosse Uebereinstimmung mit sassanidischen Motiven.

Naturgemäss wird eine Wechselwirkung nach dieser Richtung hin stattgefunden haben, denn auch die Perserkönige werden versucht haben, von der gleichzeitigen Blüthe byzantinischer Weberei Nutzen zu ziehen, indem sie Weber von dort anwarben, wodurch ein weiterer Factor für die oben angedeutete Gleichartigkeit in der Anordnung sassanidischer und byzantinischer Gewebemuster gegeben ist. Wir sehen auch bei den letzteren jene grossen Kreise wieder, welche scenische Darstellungen umrahmen. Im Schatze der St. Servatius-Kirche zu Maestricht befindet sich ein Stoffstück vom Gewande des heiligen Servatius, des Schutzpatrons dieser Kirche, in opulenter Weise, in wuchtigem Goldrahmen mit reicher Bekrönung unter Glas aufgestellt. Fig. Nr. 11. Es ist dieses ein Seidengewebe, dessen Muster auf eine Entstehung zu einer Zeit und in einem Lande deutet, wo, wie Dr. F. Bock sagt, „das Christenthum noch keine allgemeine Ausbreitung gefunden hatte und das Heidenthum auch auf die Kleinkunst seinen unbestrittenen Einfluss noch immer behauptete." Die scenische Darstellung des Musters ist von zusammenhängenden Kreisen umgeben, welche einen Durchmesser von 0,28m haben. Das Ornament, welches die einschliessenden Kreise füllt, erinnert sehr an klassische Vorbilder. Innerhalb der Kreise erblickt man auf einer dorischen Säule ein göttlich verehrtes Brüderpaar, entweder Romulus und

Remus oder die Dioscuren Castor und Pollux. Zu beiden Seiten der Säulen wird ein Opferstier getödtet, während Genien aus Schalen das Trankopfer giessen. Es ist dieses nach Dr. Franz Bock, — dem verdienstvollen Forscher und Sammler auf textilem Gebiete, — das einzige bekannt gewordene Seiden-

carmoisinroth; die Conturen der Laubornamente, der Figuren und der Gesichtszüge bildet ein dunkel veilchenblauer Purpur, während Fleischtheile und einzelne Gewandparthien aus gelblich-weisser, ungebleichter Seide gewebt sind. An dem Obergewand der Gottheiten, der Chlamys, sowie an den Laub-

Fig. 11. Original in der St. Servatiuskirche zu Maestricht (¹/₃ der nat. Grösse).

gewebe, welches in seinem Muster ein heidnisches Thieropfer veranschaulicht, eine Darstellung, die, wie der genannte Autor sagt, füglich nicht von christlichen Manufacturisten angefertigt sein kann. Beachtenswerth sind die verschiedenen Farbtöne, welche in dem Muster vorkommen; es finden sich vier verschiedene Schussfarben: der Grund ist dunkel

ornamenten ist endlich noch eine grüne Farbe angewendet. Nicht nur infolge der Musterung, sondern auch aus verschiedenen anderen Gründen: durch die historische Ueberlieferung, die Aufbewahrung und Auffindung dieses seltenen Gewebes, welche nach Dr. F. Bock dafür sprechen, dass dasselbe wirklich dem Pontificalgewebe des heil. Servatius angehörte,

— 18 —

sind wir demnach berechtigt, die Entstehungszeit dieses Stoffes in das 4. Jahrhundert n. Chr. zu setzen. Interessant ist die Uebereinstimmung dieses Stoffes in den Ornamenten der grossen aneinanderstossenden Kreise mit Seidenstoffen, wie solche in koptischen Gräbern gefunden wurden. Da diese letzteren nach den gleichzeitig gefundenen Papyrus-10a abgebildeten Geweben ist klar ersichtlich. Die Darstellung im Innern des Kreises. eine Quadriga, dürfte Bezug haben auf die Wagenrennen, welche in der justinianischen Zeit von so grosser Bedeutung waren, dass bekanntlich die beiden grossen politischen Parteien sich nach den Farben, welche die Wagenlenker trugen, in „Grüne"

Fig. 12. Original im Münster zu Aachen (¹/₆ der natürl. Grösse).

Urkunden der Zeit vom 4.—8. Jahrhundert angehören, so dürfte damit ein weiterer Beweis für das hohe Alter des Servatins-Stoffes gegeben sein.

Ein weiteres, hervorragendes Stoffstück byzantinischer Fabrikation, dem 6.—8. Jahrhundert angehörend, wird im Schatze des Aachener Münsters aufbewahrt (Fig. 12). Die Aehnlichkeit mit den unter Fig. 11 und und „Blaue" sonderten. Der Grund des in Fig. 12 abgebildeten Gewebes ist violettblau, während das Muster sich in einer bräunlichgelblichen Farbe davon loshebt. Von der Grossartigkeit dieser Darstellung giebt die Maassangabe — der Durchmesser des inneren Kreises beträgt 0,5 m — einen Begriff. Eine Scene, welche in verschiedenen Variationen in Stoffresten des 7. und 8. Jahrhunderts erhalten geblieben ist, ist der Kampf eines Mannes mit einem Löwen; mitunter von Kreisen umrahmt (Abgeb. in L'ornement des tissus) oder auch in waagerechten Reihen sich wiederholend (Fig. 13). Das Original dieses Gewebes befindet sich im Schatze des Domes zu Chur; auch werden in den Museen zu London und München Stücke davon aufbewahrt. Es ist dieses Motiv vielfach gedeutet worden; so kann dadurch erinnert werden an den Kampf des Herkules mit dem

Fig. 13. Original im South Kensington Museum in London. (⅕ der natürl. Grösse.)

nemëischen Löwen; an Samson, den Löwen erwürgend; an Daniel in der Löwengrube, wie endlich dem Zeichner dieses Musters der Kampf christlicher Märtyrer mit wilden Bestien im römischen Circus vorgeschwebt haben kann. Letztere Deutung wäre vielleicht die sinngemässere, da die, durch die Webetechnik bedingte, stete Wiederholung sich besser zur Wiedergabe derartig numerisch häufigerer Vorfälle eignet, als zu einem nur einmal stattgehabten Vorkommniss, wie der Kampf des Herkules etc. Jedenfalls scheint es nicht

unbedingt nothwendig, allen jenen Darstellungen, welche der Phantasie römischer oder orientalischer Zeichenkünstler entsprungen sind, eine Symbolik oder mythische Deutung unterzulegen, vielmehr darf man annehmen, dass die damaligen Musterzeichner, ebenso wie ihre heutigen Collegen, häufig derartige Scenerien darstellten, ohne zu vermuthen, dass einst scharfsinnige Deuter ihren nichtsahnenden Compositionen einen tieferen Gedanken unterlegen würden. Die Grundfarbe des in Fig. 13 abgebildeten Stoffes ist dunkelroth, das Dessin vielfarbig. Das äusserst dichte Gewebe ist ein kräftiger Köperstoff, die Kette besteht aus rother, stark gezwirnter Seide, die zarteren Einschlagsfäden sind von weniger starker Drehung. Neben diesen grossartig figurirten Stoffen sind vielfach erhalten geblieben kleine, auf geometrischer Konstruktion beruhende, Muster byzantinischer Herkunft. So zeigt Fig. 14 ein solches, auf welchem Achtecke, Rosetten umschliessend, die Fläche beleben. Aehnliche klein-dessinirte Stoffe finden sich auf den Abbildungen byzantinischer Kaiserfiguren, welche in den Kirchen von Ravenna, Konstantinopel u. a. O. zum Theil unter der Farbendecke, mit welcher türkische Orthodoxie sie bedeckte, wohl erhalten geblieben sind. In der Kirche St. Vitale zu Ravenna zeigt ein grosses farbenprächtiges Mosaikbild den Kaiser Justinian und seine Gemahlin Theodora, beide in prachtvoller Hoftracht, umgeben von ihrem Gefolge, von geistlichen und weltlichen Würdenträgern, Trabanten etc. in feierlichem Kirchgange begriffen. Es zeigt sich auf den faltenreichen, gemusterten Gewändern der Personen dieses Aufzuges eine Sammlung kleiner Dessins, für welche Fig. Nr. 14, sowie auch 9b u. 9c charakteristische Beispiele geben. Ob die Bilderstreitigkeiten, die Kämpfe der Bilderdiener und Bilderstürmer gegeneinander im 8. Jahrh., durch welche die Kunst selbst, als die Gehülfin des Götzendienstes, geächtet wurde, einen Einfluss auch auf die Musterung von Geweben ausgeübt haben, ist in Bezug auf die figürlichen Darstellungen nicht unwahrscheinlich, doch mögen darüber Berufenere entscheiden.

Dr. Franz Bock, welcher in eingehendster Weise den Aufzeichnungen älterer Schriftsteller gefolgt ist, so vor Allen denjenigen des Abtes und Bibliothekars Anastasius zu Rom (gest. 886), führt aus des Letzteren Werken die bezüglichen Stellen auf, welche Aufschluss geben über Musterungen, befindlich auf Ornaten und Gewandstoffen, welche den Kirchen Roms und Italiens schon vor dem 10. Jahrhundert zu Geschenken gemacht worden waren. So heisst es in Bock's „Liturgische Gewänder etc." Band I.: „Durchblättern wir die Lebensbeschreibung der römischen Päpste, so finden wir, dass in den Stoffen, den Kirchen-, Chor- und Thürbehängen, in der Altarkleidung, welche Anastasius fast mit kleinlicher Genauigkeit in Menge zu beschreiben nicht unterlässt, wohl kaum ein bedeutender Moment in dem Leben des Heilandes anzutreffen ist, der nicht durch die Weberei im Bilde den Gläubigen zur Erbauung vorge-

Fig. 14. Nach F. Fischbach „Ornamente der Gewebe". (²/₃ der natürl. Grösse.)

führt worden wäre. Der Cyclus der bildlichen Darstellung in diesen reichen Stoffen beginnt mit dem Anfange des Erlösungswerkes, der Verkündigung, und zwar sind alle diese figuralen Darstellungen meistens in Gold gewebt und mit einer, oft kreisförmigen, Umrandung umgeben. Die Verkündigung kommt häufiger vor bei Anastasius, z. B. in einer Altarbekleidung, welche Leo III. gegen Ende des 8. Jahrhunderts zweien Kirchen Roms schenkte. Auf einem anderen, nicht weniger kostbaren Stoffe, sah man dargestellt die Geburt des Heilandes. Weiter war abgebildet der Mord der Unschuldigen zu Bethlehem auf einer Altarbekleidung, gleichfalls ein Geschenk Leo's III. Aus der Jugendgeschichte des Heilandes sah man ferner die Begebenheit: Der zwölfjährige Jesus als Lehrer im Tempel, umgeben von den Schriftgelehrten. Auch die Taufe des Heilandes im Jordan, die Verwandlung des Wassers in Wein, die wunderbare Vermehrung der 5 Brode und 2 Fische, der Einzug in Jerusalem fehlten nicht, nach Angabe unseres Gewährsmannes, in diesen figurirten Stoffen. — Besonders aber bot die Passion des Herrn der griechischen Weberei und Stickerei reichen Stoff.... Daher begegnen wir denn auch in den Altarbedeckungen und Vorhängen theilweise in Gold oder Seide gewebten Darstellungen, anhebend mit dem Beginn der Leidensgeschichte am Oelberge bis zum Tode des Erlösers auf Golgatha. Der Kreis der bildlichen Darstellungen aus dem Leben des Herrn fand seinen Abschluss in den von Anastasius erwähnten Stoffen mit Abbildungen der Auferstehung, der Himmelfahrt, der Sendung des heiligen Geistes und der Wiederkunft des Herrn in seiner Glorie, als „Weltenrichter". Auch die wichtigsten Begebenheiten aus dem Leben der Jungfrau Maria bildeten einen besonders häufig vorkommenden Vorwurf in diesen alten Webereien; es waren diese Darstellungen ein Lieblingsthema der Künstler während des ganzen Mittelalters. Selbst bis in's 16. Jahrh. werden wir diese Bildwirkereien verfolgen und gerade aus dem letztgenannten Jahrhundert sind Darstellungen von Scenen aus dem neuen Testament in grosser Zahl und Schönheit erhalten geblieben. Leider sind von den herrlichen Geweben, welche Anastasius beschreibt, keine Ueberreste auf die Jetztzeit gekommen. Dr. F. Bock berichtet, dass sich zu Monte Cassino in der Kirche des heiligen Benedictus auf dem Fussboden drei Brandflecke befinden, an der Stelle, wo die Franzosen die reichen, golddurchwirkten Gewänder jener alten Abtei, die als Geschenke byzantinischer Kaiser und Kirchenfürsten dorthin gekommen waren, verbrannt haben. Es dürfte nicht unwahrscheinlich sein, dass gallischer Unverstand bei dieser Gelegenheit einen Theil jener kostbaren, im Vorstehenden beschriebenen, Ornate und sonstigen textilen Erzeugnisse der Vernichtung anheimgegeben hat, der Gewinnung des wenigen Goldes wegen, welches die eingewirkten mit Gold umsponnenen Fäden enthielten.

Es würde zu weit führen, sollten hier alle jene Texturen genauer beschrieben werden, welche unter dem Einfluss der byzantinischen Kunstrichtung entstanden und theils der Jetztzeit erhalten, theils von älteren Schriftstellern beschrieben worden sind; es mag nur darauf hingewiesen werden, dass neben den Wirkereien mit figürlichen Darstellungen der grösste Theil der Gewebe durch paarweis gegeneinander gestellte Thierfiguren gemustert war, die letzteren in strenger Stylisirung häufig in Verbindung mit Pflanzengebilden in graziösester Zeichnung. Es finden sich alle möglichen Thiergattungen vertreten; häufig decken sich die so selten gewordenen Ueberreste von alten, noch erhaltenen Stoffen mit den Beschreibungen, welche der oft genannte Anastasius von Geweben damaliger Zeit giebt. — Wie in den „Liturgischen Gewändern des Mittelalters" des Weiteren ausgeführt ist, wurden in jener Zeit die priesterlichen Gewänder nicht, wie dieses heute der Fall ist, nach den liturgisch vorgeschriebenen Farben, sondern nach den auf den Stoffen befindlichen Darstellungen benannt. So finden sich in alten Nekrologien und Inventarien die Ausdrücke: „Das Messgewand mit den Löwen", „die Casel mit den Elephanten", „das Adlergewand", „das Pfauengewand" etc. Hervorragende Originalstoffe dieser Art sind noch heute zu sehen. So ist zu erwähnen das prächtige Adlergewand im Dome zu Brixen, der Stoff mit dem Elephanten, in welchen eingehüllt die Gebeine Karl's des Grossen im Aachener Münster aufbewahrt werden; ferner die Stoffe mit grossen, majestätisch einherschreitenden Löwen in Siegburg, in der St. Servatiuskirche in Maestricht, sowie der Löwenstoff mit griechischer Inschrift, von dem sich Originalstücke im Central-Gewerbemuseum zu Düsseldorf und in der Königl. Gewebesammlung zu Krefeld befinden. Es sind dieses meist Gewebe, deren Rapporte 0,50 Meter und darüber betragen.

Die Inschrift des Siegburger Stoffes soll der Uebersetzung nach lauten: „Unter Romanus und Christophanus den Christus liebenden Herrschern." Während die Inschrift des Düsseldorfer Gewebes, dessen Herstellung unter die Regierungszeit der byzantinischen Kaiser Basileïos II. (976—1025) und seines Bruders und unwürdigen Nachfolgers Konstantin VIII. (1025—1028) verlegt. Ein anderes in dieser Zeit häufiger vorkommendes Motiv ist der Greif; es kommt diese sagenhafte Thiergestalt schon in frühester Zeit, so auch in den Traditionen der Perser, vor und erhält sich bis in die Spätzeit des Mittelalters. So ist nach dem genannten Autor in dem Inventarium der Schätze Karls V. von einem Messgewande die Rede, auf dessen Stäben in Gold Greifen gestickt waren. Diese Thiergestalt wird gewöhnlich dargestellt mit geflügeltem Vorderleib und dem Kopfe und den Krallen des Adlers. Doch nicht nur allein Löwen, Elephanten und Adler kamen in Geweben, Bekleidungen und Vorhängen jener Zeit vor, sondern der genannte Anastasius berichtet, dass sogar Einhörner, Vögel (Eulen), Bäume, Gesträuche und andere ähnliche Bildungen in tausendfacher Weise in Messgewändern und Behängen gestickt und gewebt waren.

Abweichend von diesen naturhistorischen Mustern sind Reste einer Kategorie von Stoffen auf unsere Tage überkommen, welche hinsichtlich ihrer Technik hoch interessant sind und deren Musterung einen mehr ornamentalen Charakter besitzt, welcher im Gegensatz zu der freieren und phantasievolleren Anordnung der später zu betrachtenden sarazenischen Muster steht, woher wohl auch diese Dessins der byzantinischen Fabrikation zugeschrieben werden dürfen. Durch die eigenthümliche Bindung der Schussfäden durch die Kettenfäden erscheint das in feiner Conturzeichnung gegebene Muster in den glänzenden Atlasgrund eingravirt. Für die Entstehungszeit dieser Gewebe sind die Fundstellen und die damit verknüpfte historische Ueberlieferung maassgebend. So befindet sich in der Kirche St. Stephan zu Mainz die Casel des heiligen Willigis (abgeb.: Fischbach, Ornamente der Gewebe 4 b.), in welcher derselbe im Jahre 1011 dort beigesetzt worden ist. Der schwere Seidenstoff ist grün, wie Gold leuchtend. Die Ornamente sind nur conturirt und erscheinen wie eingeätzt. Aehnlich gemusterte Stoffe in gleicher Technik befinden sich in den Kirchen zu Xanten, Brauweiler, Aschaffenburg u. a. O. m. Unter Fig. Nr. 15 findet sich ein Muster abgebildet, welches gleichfalls zu dieser Serie von Stoffen gehört; dasselbe ist entnommen der Leichenkleidung des Kaisers Otto I. (936—973), mit welcher angethan er im Dome zu Magdeburg bestattet liegt. Die Farbe dieses interessanten Gewebes ist roth; es befindet sich ein Originalstück hiervon, sowie von einem ähnlichen Muster in prächtig gelber Farbe in der Kgl. Gewebesammlung zu Crefeld. Es fällt die Fabrikationszeit jener Gewebe nach dem Vorstehenden in das 10.—11. Jahrhundert. — Einen sehr interessanten Theil der Berichte über byzantinische Stofffabrikation nimmt endlich noch die Färbung der Gewebe ein. Da ein näheres Eingehen hierauf ausserhalb des Rahmens unserer Betrachtungen liegt, so sei nur kurz erwähnt, dass im Mittelalter die werthvollste Farbe der Purpur war, diese weicht von unserer heutigen Vorstellungsweise über diese Farbe bedeutend ab. Der Purpur des Mittelalters umfasste sechs bis acht Farbtöne, vom dunkelsten Violett bis zum hellen Violettroth. Nur der kaiserliche Purpur hatte eine tiefdunkle Farbe, welche dem Violettblau nahekam und der Farbe des Veilchens nicht unähnlich sieht. In der römischen Kaiserzeit wurde der echte Purpur — der tyrische und alexandrinische, welcher schon im hohen Alterthume bekannt war — mit Gold aufgewogen. Durch strenge Gebote war derselbe zum ausschliesslichen Gebrauch für den Hof und für die Kirche bestimmt. Eingehendere Zusammenstellungen über das Farbmaterial giebt Dr. F. Bock an verschiedenen Stellen seiner Werke (Liturg. Gewänder, Musterzeichner des Mittelalters etc.). Auch Fr. Fischbach hat in seiner „Geschichte der Textilkunst" sich darüber ausgelassen.

Betrachten wir nun die Gewebemuster nach der byzantinischen Zeit und zwar die des 12. bis zur 2. Hälfte des 14. Jahrhunderts. Wir kommen damit an eine Epoche der Seidenfabrikation, welche wohl mit zu den produktivsten auf diesem Gebiete gezählt werden darf.

In erster Linie ist es die Kunst des Islam's, welche ihren Einfluss auf die Erzeugnisse dieser Zeit geltend macht. Bei der schnellen Ausbreitung der Lehre Mohammeds, welche, kaum 100 Jahre nach dem Tode des Propheten, seine Anhänger hatte Fuss fassen lassen nach Osten bis an die Ufer des Ganges, gen Westen in ganz

Fig. 15. Original in der Kgl. Gewebesammlung zu Crefeld.
($^1/_2$ der natürl. Grösse.)

Nord-Afrika, auf Sicilien und im sonnigen Spanien, waren neben dem neuen Glauben der arabischen Völker auch ihre Cultur und Gelehrsamkeit in die eroberten Länder mit übertragen worden. Wir sehen in Spanien glänzende Kalifensitze entstehen, die ganze Pracht und der Luxus des Orientes entfaltete sich daselbst, Industrie und Handel nehmen einen vorher nie geahnten Aufschwung.

Im 11. Jahrhundert eroberten die länder- und beutegierigen Normannenschaaren Sicilien. Nachdem sie sich häuslich daselbst niedergelassen hatten, entstand bei ihren Königen das Verlangen, durch Hebung der materiellen Hülfsquellen ihrer Länder ihre äusseren Machtmittel zu vermehren. Diese Aufgabe fand und löste der tüchtigste jener Normannenregenten, Roger II., dadurch, dass

Fig. 16. Original in der Kgl. Gewebesammlung zu Crefeld. (¹/₂ d. nat. Grösse.)

Ebenso wie in Spanien übten die Araber auf der meerumrauschten Aetna-Insel ihren Kunst- und Gewerbefleiss und hier wie dort waren es Stickerei und Weberei, welche in geschickter Weise gepflegt wurden. Doch erst mit der Eroberung Siciliens durch die Normannen beginnt jene grossartige Epoche der Webekunst, welche wir heut als die saracenisch-sicilianische bezeichnen und von deren Erzeugnissen unsere Kirchen und Museen so herrliche und zahlreiche Beispiele aufweisen.

er die in seinem Lande schon vorhandene Seidenzucht und Seidenindustrie in jeder Weise zu heben suchte. Er verstand es, die saracenischen Weber, welche er noch in Sicilien vorfand, zu fesseln und ihre Kunstfertigkeit für sich zu verwerthen. Von grosser Bedeutung für die Hebung der Seidenindustrie in jenem Lande war König Roger's Kriegszug nach Albanien und dem heutigen Griechenland. Aus Athen, Theben und Corinth, wo damals die Seidenindustrie blühte, nahm er

Spinn- und Webmeister gefangen und versetzte sie in seine in regem Aufschwung begriffene Hauptstadt Palermo, wo er ihnen eine bleibende Wohnstätte anwies, in der sie zu wirken und die Seidenindustrie einzurichten hatten (c. 1147). Um letztere noch mehr zu begünstigen, wurde sie zu einem königlichen Monopol erklärt, in ganz Sicilien Maulbeerpflanzungen angelegt, Seidenwürmer eingeführt und so auch deren Zucht zur Gewinnung des Rohstoffes auf das thatkräftigste gefördert. Auch wandte er seine besondere Fürsorge dem, schon lange vor ihm in Sicilien bestehenden, sogen. Hôtel de tiraz zu. Es war dieses eine königliche Manufactur, wie solche seit den Tagen der Omajadischen Chalifen an den Höfen der vorzüglichsten musulmännischen Dynastien des Morgen- und Abendlandes in hoher Blüthe standen. Diese Institute waren meistens in unmittelbarer Verbindung mit dem Palaste der orientalischen Grossen und wurden in der Regel von einem hochgestellten Hofbeamten überwacht. Ein lateinischer Schriftsteller des 12. Jahrh., Hugo Falcandus, entwirft bei seiner Beschreibung Palermo's folgendes Bild von dem Hôtel de tiraz: „Und gewiss nicht darf ich mit Stillschweigen übergehen jene mit dem Palaste verbundene berühmte Werkstätte, wo die Seide gesponnen wird in verschiedenfarbigen Fäden und wo man diese als Gewebe zusammen verbindet auf mannigfache Art. In Wirklichkeit sieht man hier, wie Stoffe aus einem, zwei oder drei Fäden angefertigt werden, die weniger Auslagen und Geschicklichkeit erfordern, ebenso wie auch Zeuge von sechs Fäden, deren dichteres Gewebe mehr Seidenstoff erfordert. Hier fällt in die Augen das „diarhodon" mit feuerrothem Glanze, hier wird der Blick durch die grünliche Farbe des „diapistus" angenehm angeregt; hier findet man einen Stoff, der mit verschiedenen kreisförmigen Zeichnungen versehen, ebenso wohl eine grössere manuelle Fertigkeit bei der Anfertigung, als auch in Folge davon einen höheren Preis erfordert. Auch noch eine Menge Ornamente mancherlei Art und von verschiedenen Farben findet man dort, in welchem Gold mit Seide verwebt ist und wo die schöne Abwechslung der Zeichnungen durch den Schimmer von kostbaren Steinen überstrahlt wird."

Die Wirkung all' dieser Maassregeln blieb nicht aus, und bald entwickelte sich von dem Hôtel de tiraz ausgehend eine Seidenindustrie, die nicht nur den gehegten Erwartungen König Roger's hinsichtlich der Vermehrung des Wohlstandes seines Landes auf das Vollkommenste entsprach, sondern ihre Wirkung auch, wie wir später sehen werden, über ganz Italien ausübte, sich auch dort heimisch machte und so den Grund zu der nachmaligen Macht und dem Reichthum der mittel- und oberitalienischen Städte legte.

Gehen wir nun auf die Musterung jener Stoffe, welche in Palermo von saracenischen und griechischen Webern angefertigt wurden, näher ein, so finden wir, dass diese für die Gewebe jene Zeichnungen mitbrachten,

Fig. 17. Original in der Kgl. Gewebesammlung zu Crefeld. (Natürl. Grösse.)

welche sie auch in ihrer Heimat anzuwenden pflegten; wir sehen auch jetzt noch die vielen, meist symbolischen Thiergestalten, von grösseren und kleineren aneinander stossenden Kreisen oder Vielecken eingefasst, wie sie in der byzantinischen Fabrikation vorkommen.

Fig. 16 zeigt ein Gewebe des 11—12. Jahrhunderts, sicilianischer Herkunft, welches in seiner Eintheilung den byzantinischen Einfluss deutlich verräth. Der Grund ist ein weisses Köpergewebe, die Conturlinien der Zeichnung sind roth, während die Thiere, Kreise und Sterne in Goldfäden gewebt sind.

Fig. 17 giebt ein sehr interessantes Muster wieder, welches von der Stola stammt, mit welcher angethan, jener oft genannte König Roger II. im Sarge in der Königsgruft zu Cephalu bei Palermo ruht. Das Muster wird gebildet aus zwei Farbtönen, einem tiefdunkel violetten und einem etwas heller roth violetten Purpur. Nicht unmöglich dürfte es sein, dass der Fabrikationsort dieses dichten Satingewebes Byzanz war und dass der König Roger II. auf seinem Kriegszuge gegen eines solchen im 12. bis 13. Jahrhundert von Saracenen gefertigten Gewebes. In mehreren Farbtönen — in vorliegendem Stoff: roth, grün, blau und weiss — ziehen sich Streifen über den seidenen Grund des Gewebes. Das Muster, aus goldumsponnenen Fäden gebildet, zeigt auf den schmalen weissen Streifen Hasen und Hunde, sowie ein, einem Auge ähnliches Ornament. Dieses

Fig. 18. Original in der Kgl. Gewebesammlung zu Crefeld.
(¹/₂ der natörl. Grösse.)

Emanuel von Konstantinopel zu diesem prächtig gefärbten Stoffe kam. Jedenfalls ist die Musterung der byzantinischen so ähnlich, dass, falls das Gewebe in Palermo gefertigt worden ist, dieses nur von griechischen Webern geschehen sein kann.

Andere Gewebe jener Zeit tragen mehr den Charakter der saracenischen Stoffe, wie solche damals an der Nordküste Afrika's angefertigt wurden. Fig. 18 giebt den Typus letztere Zeichen soll nach dem Gutachten von Archäologen eine Zauberformel sein, welche die Orientalen zur Vertreibung von Motten auf Stoffen anzubringen pflegten; es soll das sein, was wir „das böse Auge" nennen. Ob diese Deutung begründet ist, mag der Entscheidung orientalischer Forscher anheimgegeben sein. Die breiten Streifen, abwechselnd in blau und roth, enthalten, der eine ein ornamentales Muster, ähnlich der

Form, welche später im Granatapfelmuster eine so grosse Rolle spielt, darunter paarweis gegeneinander gestellte Vögel und Vierfüssler. Der andere breite Streifen, dessen grüner Grund in Satinbindung durch ein leichtes graziöses Rankenwerk in anderer Bindung gemustert ist, enthält eine Inschrift in arabischen Buchstaben, welche lautet: „assulthän alälim" oder „el sultan el älim", d. h. „der weise Sultan". Dieses Gewebe stammt aus der Marienkirche zu Danzig, wo noch jetzt in dem reichen Schatz dieser Kirche mehrere Messgewänder aus diesem prächtigen Stoff aufbewahrt werden. Auch in Braunschweig und Regensburg befinden sich Parallelen zu diesem Muster. In letztgenannter Stadt werden zwei Dalmatiken aufbewahrt, welche der deutsche Kaiser Heinrich VI. der dortigen „alten Capelle" geschenkt hat. Er war durch seine Gemahlin Constanze, welche Erbin der normannischen Krone war, erbberechtigt in Sicilien. Durch ihn kamen die Prachtgewänder der normannischen Könige, welche im Hôtel de tiraz angefertigt worden waren, in den Besitz der deutschen Kaiser. Bis zum Jahre 1794 bildeten sie die Krönungsgewänder der Kaiser des heiligen römischen Reiches deutscher Nation. Die Stoffe der Regensburger Gewänder gehören zu derselben Kategorie, wie der unter Fig. 18 abgebildete. Auch in diesen Geweben (abgebildet in Fischbach, „Ornamente der Gewebe" Taf. 144—145) besteht das Muster aus Streifen, theils mit Ornamenten, theils mit kleinen Thierfiguren belebt. Von Wichtigkeit sind die Inschriften in diesem Stoff. Die eine derselben lautet: „Ruhm und Sieg und lange Lebensdauer", während die andere ganz genau Herkunft und Alter dieses Stoffes und damit der ganzen Kategorie bestimmt; sie lautet: „Verfertigt hat der Meister Abdul Aziz dieses Feierkleid in seiner Fabrik für Wilhelm den Zweiten" (1166—1189).

Dieses Normannen-Königs geschieht in eingehender Weise auch Erwähnung durch eine gestickte Inschrift auf der, zu den deutschen Kaisergewändern gehörenden, kaiserlichen Albe, welche in der Kaiserl. Schatzkammer zu Wien aufbewahrt wird. Dr. Franz Bock theilt dieselbe in seinem Prachtwerk „Die Kleinodien des heiligen römischen Reiches deutscher Nation" mit. Die Inschrift lautet: (Diese Albe) „gehört zu denjenigen Gewändern, welche anzufertigen befohlen hat der hochgeehrte König Wilhelm II., der Gott um seine Kräftigung bittet, der durch seine Allmacht unterstützt wird und der sich von Seiner Allgewalt den Sieg erfleht, der Herr Italiens, der Lombardei, Calabriens und Siciliens, der Kräftiger des römischen Papstes, der Vertheidiger der christlichen Religion — in der stets wohlbestellten königlichen Werkstätte — datirt von der kleinen Zeitrechnung der XIV (Indiction) im Jahre 1181 von der Zeitrechnung unseres Herrn Jesu des Messias." Eine gestickte Inschrift in arabischen Buchstaben auf dem sogen. deutschen Kaisermantel, gleichfalls in Wien aufbewahrt und in dem Prachtwerk des Dr. Franz Bock mitgetheilt, behandelt das Hôtel de tiraz. Sie lautet: (Dieser Mantel) „gehört zu dem, was gearbeitet worden ist in der königlichen Werkstätte, in welcher das Glück und die Ehre, der Wohlstand und die Vollendung, das Verdienst und die Vortrefflichkeit ihren Wohnsitz haben, die sich einer guten Aufnahme und eines herrlichen Gedeihens, grosser Freigebigkeit und hohen Glanzes, Ruhmes und prächtiger Ausstattung, sowie der Erfüllung der Wünsche und Hoffnungen erfreuen mag, und wo die Tage und Nächte in Vergnügen verfliessen mögen, ohne Authören und Veränderung, mit Ehre, Anhänglichkeit, fördernder Theilnahme, in Glück und Erhaltung der Wohlfahrt, Unterstützung und gehöriger Betriebsamkeit. In der Hauptstadt Siciliens im Jahre 528." — Dieses Jahr der Hedjra trifft mit dem Jahre 1133 christlicher Zeitrechnung zusammen.

Die ornamentale Anwendung von Schriftzeichen ist eine Eigenthümlichkeit der islamitischen Kunst. Mahommed in seinem glühenden Eifer gegen Götzendienst und Götzenbildnerei hat wiederholt im Koran das strengste Verbot ausgesprochen, Gebilde zu schaffen, welche Nachahmungen lebender Wesen seien, er sah dieses als einen Eingriff in die Allmacht Gottes an; es wird gesagt, dass den Ungläubigen die Gebilde, welche er in dieser Welt schafft, am jüngsten Tage in abscheulicher Gestalt und mit grässlichem Antlitz auf den Rücken steigen werden, so dass er, nach dem Worte des Propheten, die entsetzensvolle Last fortan werde zu tragen haben. Der Kunsttrieb, dem in dieser Weise eine strenge Fessel auferlegt war, die nach der einen Seite unterdrückte Schaffenskraft, treibt nach anderer Richtung seine Blüthen hervor.

Die Ausbildung der ornamentalen Formen ist es, welche in der arabischen Verzierungsweise mit einer Fülle von graziösen Verschlingungen der Linien vor Augen tritt und welche in den Architekturen mohammedanischer Völker immer und immer wieder den Beschauer fesseln und in ihrer überreichen Wechselwirkung stets von Neuem überraschen. Um den Mangel der Bildersprache in der Ornamentation auszugleichen, griff der findige Moslim zu dem sinnigen Mittel, die Gedanken, welche in anderen Kunststilen durch Allegorien und symbolische Darstellungen ausgedrückt wurden, durch die ornamentale Verwendung seiner hierzu sehr geeigneten Schriftzeichen zu geben. So finden wir die Wände der Moscheen und Paläste reich verziert mit Koran- und sonstigen Sinnsprüchen, ebenso wie sich in den Geweben die Verwendung der Schriftzeichen als Verzierung zeigt. Ausserdem fand der spitzfindige Koranbekenner bald Auswege, um das strenge Gebot zu umgehen und einer milderen Auffassung Raum zu geben. Nach dieser sollte nur die naturalistische Nachahmung von Geschöpfen unstatthaft sein, wohingegen eine Stilisirung derselben, die sie gewissermassen zu Repräsentanten einer Gattung umwandelte, ebenso erlaubt war, wie die Darstellung von phantastischen Wesen, die nur dem erfindungsreichen Kopfe damaliger Zeichner ihre Existenz verdankten. Fand sich doch auch für das Verbot des Tragens seidener Kleider, welche Mohammed nur für den Himmel in Aussicht stellte, die Auslegung, dass der Gebrauch von Seidenstoffen mit leinener Kette nicht zu einem Vergehen gegen den Koran gehörte.

Die strenge Vermeidung der bildlichen

Fig. 19. Original in der Kgl. Gewebesammlung zu Crefeld.
($^1/_2$ der natürl. Grösse.)

Darstellungen zeigt sich wohl am ausgesprochensten in den textilen Erzeugnissen, welche von den Mauren auf spanischem Boden angefertigt worden sind. Fig. 19 stellt ein Muster aus dem Ende des 13. Jahrhunderts dar, welches mit Umgehung der Thierfigurationen ein romanisirendes Pflanzengebilde zeigt in kreis- oder medaillonförmiger Anordnung, wie sie am Schlusse des 14. Jahrhunderts im Abendlande angetroffen wird und in welcher wir wohl den Vorläufer jener prächtigen Musterung der Sammet- und Seidengewebe erblicken dürfen, welche im 15. Jahrhundert die christliche Fabrikation in Nord-Italien in Verbindung mit dem Granatapfel in so reichen Compositionen herstellte. Während in Italien im 14. Jahrhundert der frühere arabische Grundtypus der gemusterten Stoffe mehr und mehr verloren geht, findet sich dadurch, dass der Islam auf der spanischen Halbinsel sich länger hielt, bei den Fabrikaten Süd-Spaniens noch während des ganzen 14. und zum Theil noch im 15. Jahrhundert der orientalische Charakter strenger ausgesprochen. Wie bedeutend die maurische Fabrikation in Spanien in der Zeit vom 10. bis 13. Jahrhundert war, erhellt aus den Berichten zeitgenössischer Schriftsteller. Die Städte Almeria, Granada, Cordova und Sevilla zeichneten sich durch ihre Fabrikation besonders aus, so sollen beispielsweise in der letztgenannten Stadt 60 000 Webstühle im Betrieb gewesen sein, während in einem anderen Bezirke sich 3000 Ortschaften mit der Weberei beschäftigten. In der Musterung unterscheiden sich die Gewebe dieser Fabrikation, wie oben angedeutet, durch die strengere, häufig geometrische Anordnung der Dessins. Es finden sich vielfach noch textile Ueberreste aus jener Zeit, welche an die reiche Ornamentation der Alhambra erinnern.

Aus dem Zusammenarbeiten der durch Roger nach Palermo verpflanzten griechischen und saracenischen Weber entstand nun eine Art der Flächenverzierung, welche durch die geschickte Paarung anmuthig geschwungener Linien und Pflanzenornamente mit den Thierfigurationen, welche der orientalische Geschmack von jeher beliebte, zu der reizvollsten und interessantesten Gewebemusterung aller Zeiten gerechnet werden darf. Und so finden wir denn die Stoffe dieser Zeit voll der wunderlichsten Thiergestalten, wie sie ähnlich schon in früheren Jahrhunderten beschrieben worden sind.

Auch hier sind es mit Vorliebe Scenen, welche auf die Jagd Bezug haben. Alle möglichen Bewohner des Waldes und Feldes, Hasen, Rehe, Löwen, Adler, Bären, Enten, verfolgt und gepackt von Hunden und Leoparden, welch' letztere von den Orientalen für die Jagd abgerichtet wurden, sind geschickt zwischen leichtes Rankenwerk gruppirt (Fig. 20).

Von Interesse ist es, wie Fr. Fischbach ausführt, dass die an den Jagden betheiligten glücklichen Jäger und selbst die Falken- und Leopardenwärter mit solchen gemusterten Ge-

Fig. 20. Original in der Kgl. Gewebesammlung zu Crefeld. (½ der natürl. Grösse.)

weben, die als Ehrenkleider galten, beschenkt wurden. Sie bedeuten also Ruhm, Ehre und Ansehen und somit ist es leicht erklärlich, dass auf einem Gewebe des 13. Jahrhunderts auf einem Leoparden das arabische Wort „Ruhm" oder „Ehre" steht. Es dürfte diesen Musterungen häufig eine Symbolik zu Grunde liegen, welche sich aus den verdienstvollen Forschungen des Prof. Dr. Karabacek über die Inschriften auf Textil-Erzeugnissen, sowie über die mittelalterliche Thiersymbolik überhaupt ergiebt. Danach soll z. B. durch die Darstellung eines Löwen, der eine von einem Adler verfolgte Ente packt, angedeutet werden, dass die Tapferkeit des Trägers des so gemusterten

Gewandes so gross ist, dass er dem Adler seine Beute unter den Flügeln abjagt. Der Adler selbst bedeutet Glück und Reichthum, der Löwe Herrschaft. Sehen wir auf Fig. 21 einen Löwen und einen Wiedehopf abgebildet, so dürfte dasselbe besagen, dass dieser Stoff von dem Gewande eines mächtigen, starken und klugen Herrschers stammt, da der Wiede-

Wie schwer dem Nichtorientalisten die Deutung vieler Muster ist, führt Fr. Fischbach bei Beschreibung der Tafel 97 seines Werkes „Ornamente der Gewebe" aus. Auf dem Stoff, welchen diese Tafel wiedergiebt, ist eine Frau abgebildet, welche mit einem Netze einen Hasen fängt und an einer Kette oder Leine vorn einen Jagdhund und einen ge-

Fig. 21. Original in der Kgl. Gewebesammlung zu Crefeld.
($^1/_2$ der natürl. Grösse.)

hopf die Klugheit versinnbildlicht, wie denn auch die kleine Inschrift in der goldgewirkten Borte: „issabe" = „Sultan der Weise" heisst. Dieser Stoff ist ein feines Köpergewebe in hellblauer Farbe, während der palmettenartige Baum in weisser Taffetverbindung gegeben ist. Löwe, Wiedehopf und die zierlich ornamentirte Borte ist aus Goldfäden gewebt.

fleckten Jagd-Panther führt. Unter ihr befindet sich eine Frau mit einem Adler. Nach Prof. Karabacek lehrt die arabische Symbolik, dass das Fangen eines Hasen Einkommen, Verheirathung und Kindersegen bedeutet. Wer auf einem Adler im Traum oder im Bilde reitet und bisher arm war, erreicht Gutes. Wer eine Frau sieht, die auf einem Adler reitet, gelangt stufenweise durch Unterwürfigkeit zur Herrschaft. Das beschriebene Muster hat also zu einem Festkleide die Symbole einer ehrenvollen Carrière benutzt.

So finden sich in den Geweben jener Zeit eine grosse Zahl der interessantesten Scenerien in einer Weise für die Flächendecorationen zurecht gemacht, welche durch die geschickte Anordnung der einzelnen Gruppen nirgends den Eindruck des parademässig

an welchen die Schöpfgefässe hängen. Neben dem Brunnen stehen zwei Mädchen, von der Jagd heimgekehrt, mit Stangen über den Schultern, an welchen sie Hasen tragen. Hunde und Jagdleoparden saufen das dem Trog entströmende Wasser. Elegant gezeichnetes Laubwerk füllt auch hier die Zwischenräume. Das Muster in Goldfäden auf tiefrothem Grunde, die Gesichter und Hände der Mädchen blassrosa, das Wasser in blau gewebt, macht einen

Fig. 22. Original in der Kgl. Gewebesammlung zu Crefeld.
(½ der natürl. Grösse.)

Aufmarschirten aufkommen lassen, ein Umstand, der bei der Complicirtheit der Compositionen und der häufigen Wiederholung desselben Gegenstandes Zeugniss giebt von dem grossen Geschick damaliger Zeichner. Da finden sich Löwen, kleines Wild in den Vorderklauen haltend, welche aus einer Sonnenscheibe heraustreten, die wiederum durch eine Kette an einem Paar Flügel befestigt ist; das Ganze umgeben von zartem Blattwerk. Ein anderer Stoff zeigt einen Brunnen, dessen Trog muschelartig ausgebildet ist, während der Brunnenaufbau, an den assyrischen Lebensbaum „Hom" erinnernd, Drachenköpfe trägt.

überaus reichen Eindruck. Eine interessante Zeichnung bietet Fig. 22. Es ist dieses Dessin Repräsentant einer eigenen Kategorie von Mustern des 13. bis 14. Jahrhunderts, die sich durch ihre grössere Einfachheit von den eben beschriebenen unterscheiden. Das Band enthält einen Spruch in arabischen Lettern und dürfte dessen Lesung von einem Sprachkundigen nicht ohne Interesse sein. Die Wirkung dieses Musters in Goldfäden auf tiefblauem Grunde ist eine ungemein noble.

Es würde zu weit führen, alle jene sinnigen Muster zu beschreiben oder im Bilde hier vorzuführen, welche jene Zeit uns hinterlassen hat. Denjenigen Interessenten, denen der Besuch von Gewerbe-Museen oder Gewebesammlungen durch örtliche Entfernung nicht leicht möglich ist, kann das hier öfter erwähnte Werk von Fr. Fischbach, „Ornamente der Gewebe" empfohlen werden; es golddurchwirkten, reich figurirten Stoffe, prachtvolle Sammete, selbst Stickereien mit in Gold gefassten Edelsteinen hergestellt wurden, während die höchste Blüthe der Textilkunst auf Sicilien erreicht war, sehen wir in den Städten Italiens am Ende des 13. Jahrhunderts Palermo

Fig. 23. Original in der Kgl. Gewebesammlung zu Crefeld.
($^1/_2$ der natürl. Grösse.)

enthält dasselbe mit besonderer Berücksichtigung des 13. und 14. Jahrhunderts eine grosse Anzahl Gewebemuster aller Zeiten.

Folgen wir nun der weiteren Ausbreitung der Webekunst in Europa. Während in Palermo im Hotel de tiraz die herrlichsten eine Concurrenz entstehen, welche besonders die norditalienischen Städte zu immer grösserer Macht und Reichthum emporblühen lässt.

Werfen wir vorher einen kurzen geschichtlichen Blick auf die damaligen politischen Verhältnisse, welche, wie aus dem Vorhergehenden öfter ersichtlich ist, meist den Grund bilden für die Uebernahme der Führung, der Hegemonie auf textilem Gebiete seitens des einen oder des anderen Volkes und für die damit verbundene veränderte Richtung im Kunstgeschmack. — Wohl die erste Stadt des italienischen Festlandes, welche in dem neuen Industriezweig Hervorragendes leistete, war Lucca; schon im Jahre 1248 wird dasselbe in einer Urkunde nach dieser Richtung hin erwähnt. Es blühten daselbst bedeutende Manufacturen, welche ihre Fabrikate bis nach Paris, Brügge und London versandten. Blutige Bürgerkriege störten jedoch bald Handel und Gewerbe; so kam es, dass im Anfange des 14. Jahrhunderts viele geschickte Handwerker, darunter vorzüglich Weber, Lucca verliessen und in die Nachbarstädte übersiedelten. Mailand, Florenz, Bologna, Venedig und Genua beschützten die Flüchtlinge und nahmen ihre Kunstfertigkeit für sich in Anspruch. So wanderten in Venedig im Jahre 1309 einige 30 Seidenweberfamilien ein, während die übrigen Städte erst mehrere Jahre später (1314) einen derartigen, Gewinn bringenden Zuzug erhielten.

Die vielen bei der Neueinführung einer so complicirten Industrie zu überwindenden Schwierigkeiten, wie die Gewinnung des Rohmaterials, die Technik des Webens selbst, auch die Färbung der Seide, liessen vorerst wohl nicht an eine ausgebreitete Schaffung neuer

Fig. 24. Original in der Kgl. Gewebesammlung zu Crefeld.
(½ der nat. Grösse.)

Muster denken. Auch werden die Städte des italienischen Festlandes sich Werkmeister aus den sicilianischen Manufacturen verschafft haben, welche nun wieder den ihnen eigenthümlichen Kunstgeschmack nach dort verpflanzten. So finden wir denn in den Zeichnungen der Muster italienischer Fabriken des 14. Jahrhunderts in der ersten Zeit dieselben Dessins wieder, welche saracenische Webstühle Siciliens oder diejenigen der Mauren in Spanien in vorhergehender Zeit angefertigt hatten. Darum ist es auch nicht leicht, bei den Mustern dieser Uebergangsepoche mit Gewissheit zu sagen, welchem Fabrikationsorte sie angehören und erst gegen die Mitte des 14. Jahrhunderts werden die Unterschiede durch das Hinzutreten neuer, specifisch italienischer Motive deutlicher. Wir finden bei der Vorliebe der romanischen Kunstepoche für die Thierornamente auch in diesen Geweben noch die Thierwelt in allen möglichen Vertretern und Zusammenstellungen wieder. Gegen die Zeichnung der „Kleiderbestien" der byzantinischen und früheren Perioden sind die Thiermuster des 13. und 14. Jahrhunderts bedeutend bewegter und naturalistischer gezeichnet. Folgten orientalische Zeichner bei der Wiedergabe symbolischer Scenerien mehr oder weniger einem gewissen Zwang, der die Stellung der Figuren nicht willkürlich zu einander wählen liess, oder war es mehr das richtige Gefühl dafür, dass beispielsweise Jagdscenen sich doch nur nach einer Richtung hin abspielen können, was sie für die Anordnung in ihren reicher belebten Mustern von der Symmetrie absehen liess — so finden wir bei den Erzeugnissen italienischen Kunstfleisses nach und nach immer mehr symmetrische Muster vorherrschend, wie denn überhaupt bald ein anderer Geist die Zeichnungen durchweht. Die Italiener, sich anlehnend an die saracenischen Vorbilder, kümmerten sich um deren Symbolik nicht; ihnen war es genügend, wenn sie durch Wiedergabe von Thiergruppen und Spruchbändern ungefähre Nachahmungen der damals so geschätzten saracenischen Gewebe herstellten, sie gaben ohne Scheu von der ihnen eigenthümlichen Ornamentik hinzu, sie griffen willkürlich eine Thiergruppe heraus und umgaben sie mit ornamentalem Beiwerk. So machten sich in diesen Fabrikaten bald Motive geltend, welche der saracenischen Musterung nicht eigenthümlich waren. Es zeigen sich die Thiere und das Laubwerk umgeben oder durchzogen von phantastischen Formen als: Kartuschen, Schilder, flatternde Bänder, Kronen, Gehege, Burgen u. A. mehr. Ein unterschiedliches Merkmal liegt in der oft unverstandenen Wiedergabe der saracenischen Motive. Für den Orientalisten ist es z. B. nicht schwer aus den angewendeten arabischen Schriftzeichen zu sehen, ob solche von saracenischen Webern oder aber von, dieser Sprache nicht mächtigen, Zeichnern in italienischen Fabriken nachgebildet worden sind. Nicht

selten spielt wohl auch die symmetrische Anordnung der Muster den Inschriften übel mit, indem diese in den italienischen Mustern bis zur Mitte des Rapportes laufen, dort willkürlich abbrechen und dann wieder nach der anderen Seite zurückgehen, die Buchstaben in anderer Richtung zeigend (vergl. Fig. Nr. 23). Die Combinationen in den Mustern der Gewebe dieser Epoche sind überreich und es ist schwer, auch nur annähernd durch die Beschreibung ein ungefähres Bild von den

Fig. 25. Original in der Kgl. Gewebesammlung zu Crefeld. (²/₁₁ der natürl. Grösse.)

prächtigen Textilzeichnungen jener Zeit zu geben.

Betrachten wir die zur Charakterisirung dieser italienischen Fabrikation des 14. Jahrhunderts beigegebenen Abbildungen, so finden wir in Fig. 23 das vorhin Gesagte bestätigt. Die Schilder mit der eigenthümlichen Aufhängung in Ketten, der säulenartige Aufbau auf der querliegenden Kartusche, sowie die verdorbene arabische Inschrift sind alles Motive, die den italienischen Einfluss erkennen lassen. Interessant ist zu beobachten, wie das Herauswachsen des Baumes mit dem zierlieben Blattwerk und den Glockenblumen aus zwei, hinter den schrägen Schilden liegenden, Stämmen sich im weiteren Verlaufe in der Musterung nach zwei Richtungen hin sich ausbildet. In Fig. 24 sehen wir, wie aus den gegeneinander geneigten, in der vorigen Zeichnung schmalen Aestchen, kräftige knorrige Stämme geworden sind, welche aus ihren Berührungspunkten das charakteristische Motiv des 15. Jahrhunderts, den Granatapfel, herauswachsen lassen. Bei weiterer Fortsetzung des Musters, wie es die vorliegende Zeichnung giebt, bilden die kräftigen Stämme eine Umrahmung in spitzovaler Form, in deren Mitte eine Thiergruppe saracenischen Anklanges Platz gefunden hat. Halten bei dem Muster Fig. 24 sich die Thiere und die Granatäpfel in ihrer Massigkeit das Gleichgewicht, so treten, wie wir bei der weiteren Entwicklung des Granatapfelmusters sehen werden, die Thiere nach und nach immer bescheidener auf und der Granatapfel dominirt mehr und mehr. Ehe wir jedoch die vollständige Ausbildung des Granatapfelmusters näher betrachten, soll noch auf eine andere Art der Musterung hingewiesen werden, welche von italienischen Künstlern am Schlusse des 14. Jahrhunderts geschaffen wurde und welche gewissermaassen abseits von der langsamen Umformung, welche die Thier- in die Granatapfelmuster nahmen, lag. Betrachten wir noch einmal den graziös gezeichneten Baum mit den angeketteten Bestien auf Fig. 23, so entwickelt sich aus diesem die vorhin angedeutete zweite Kategorie von Gewebemustern des 14. Jahrhunderts. Mit seinem feinen Stengel- und Blattwerk überzieht er nach und nach die ganze Fläche des Gewebefonds, Fig. 25, hin und wieder sind die zierlichen Zweige belebt von kleinen Vögeln, Hunden, Hirschen, Leoparden, selbst Elephanten und Kameelen. Unter dem Einfluss der Gothik verlieren sich die rundbogigen Formen der Blätter mehr und mehr und es tritt häufig das Weinblatt und die Traube als charakteristisches Pflanzenornament dieser Stylepoche auf.

In Fig. 26 erblicken wir ein Muster, welches in seiner unsymmetrischen Anordnung der einzeln nebeneinander gestellten Thierscenerien noch sehr an die Zeichnungen saracenischer Herkunft erinnert, jedoch sind der kräftige verzweigte Stamm, die seitwärts herauswachsenden Granatäpfelchen, die grosse palmettenartige Blüthe an der Spitze, sowie endlich die vielfache Ueberschneidung der Formen charakteristische Zeichen dafür, dass das Muster der norditalienischen Fabrikation der zweiten Hälfte des 14. Jahrhunderts angehört. Im späteren Verlaufe der Musterung, besonders in der burgundischen Epoche am Ende des 15. Jahrhunderts, lässt sich wiederum beobachten, wie aus der hier vorliegenden Zeichnung sich durch Fortfall der Thierfiguren und kleine Umänderungen das typische Muster jener Periode entwickelte. Es soll bei Darstellung eines bezüglichen Musters weiter unten darauf hingewiesen werden. Wollte man versuchen, das Muster unter Fig. 26 symbolisch zu deuten, so könnte man in dem Hunde, der vielfach als die Personificirung des Niedrigen gilt, den Menschen, den staubgeborenen sehen, dem der Mächtige — hier der König der Vögel, der Adler, der herabgeschwebt ist vom Himmel, — die Kette gelöst hat, die ihn an's irdische Dasein fesselt. Der mächtige Adler führt selbst das Ruder des Nachens, welcher die freigewordene, der Fesseln entledigte Seele überführt — über den Styx — in die Gefilde der Seligen. Enten und Schwäne begleiten das Fahrzeug. Unter dem mächtigen Baume des Glaubens, der Kirche, welcher mit seinen Zweigen das Ganze überragt, vollzieht sich dieser Vorgang. — Der Grund dieses interessanten Stoffes ist schwarz, welche Farbe ebenso wie die obige Deutung des Musters darauf hinzuweisen scheint, das dieses Gewebe einer jener Funeral-Stoffe war, wie sie damals bei Leichenceremonien zum Bedecken des Sarges und als Behänge in der Kirche gebraucht wurden. Das Muster hebt sich in Goldfäden höchst wirkungsvoll von dem dunklen Grunde ab.

Aus der grossen Fülle von Mustern des Mittelalters mag hier noch eine Darstellung beschrieben werden, welche noch heute auf den Gewändern der Geistlichen in der katholischen Kirche häufig zu finden ist. Dieselbe zeigt in aneinanderstossenden Sechsecken zwei auf blumigem Grunde kniende Hirsche an Ketten, welche den Kopf gen Himmel wenden, von welchem Lichtstrahlen und Thautropfen aus einer hinter Wolken theilweise verborgenen Sonnenscheibe herniederkommen. In den Wolken sitzen Adler. Auch hier dürfte der an der Kette befindliche Hirsch die lebensmüde Seele des Menschen versinnbildlichen, welche sich lossehnt von der Fessel des irdischen Körpers und deshalb sehnsuchtsvoll den Blick nach oben wendet. Bei dem vorliegenden Ornament brauchte man eine symbolische Deutung nicht, wie Dr. Bock sagt, mit den Haaren herbeizuziehen, sondern sie ergäbe sich einfach dadurch, dass man auf die verständliche Zeichnung den schönen Spruch des 41. Psalms Vers 2 in Anwendung brächte: „Wie der benbten Theil desselben beträgt. Ebenso giebt er eine Blüthenlese aus Wolfram von Eschenbach's Parsival, welche in schwungvoller Weise über Namen und Beschaffenheit damaliger Stoffe, sowie, allerdings mitunter in sagenhafter Weise, Aufschluss über die Herkunft derartiger Gewebe giebt.

Dass umgekehrt auch Sagen und Lieder wieder Veranlassung zur Entstehung eigen-

Fig. 26. Original in der Kgl. Gewebesammlung zu Crefeld.
(¹/₃ der natürl. Grösse.)

Hirsch verlanget nach den Wasserquellen, so sehnt meine Seele sich nach Dir, o Gott!"

Dass auch die bedeutend entwickelte Textilkunst, der prächtige Schimmer der seidenen, so herrlich gemusterten Stoffe nicht ohne Einfluss auf die Dichtkunst damaliger Zeit, auf die Lieder der Minnesänger geblieben ist, führt Fr. Fischbach in seiner „Geschichte der Textilkunst" in einem besonderen Capitel aus. So weist er darauf hin, dass beispielsweise im Niebelungenliede die Schilderung prächtiger Kleider den sie- artiger Stoffmusterungen gegeben haben, zeigt derselbe Autor an einem Stoff (abgeb. Ornamente der Gewebe-Tafel 40), dessen Muster eine Burg darstellt, auf deren Zinne eine Jungfrau steht, mit der Hand einen flugbereiten Sperber oder Falken haltend. Fischbach nimmt dafür die folgenden Strophen in Anspruch:

„Ich Arme, einen Sperber lieb zu haben:
So lieb ich ihn, dass Sehnsucht mich verzehrt.
An meinem Ruf schien sich sein Herz zu laben,
Oft hat er Kost aus meiner Hand begehrt.

Nun stieg er auf so stolz und so erhaben,
Viel stolzer als er sich mir je bewährt.
In einem Garten flog er über'n Graben,
Und eine andre Herrin hält ihn werth.

Wie reicht ich Dir, mein Sperber, Leckerbissen!
Goldene Schellen gab ich Dir zu tragen,
Dich freudiger zur Vogeljagd zu wissen.

Nun fliegst Du hin und lässest mich verzagen:
Du hast die Bande frevelhaft zerrissen,
Just da Du meisterhaft verstandst zu jagen."

Um der weiteren Entwickelung der Gewebemusterung im 15. Jahrhundert zu folgen, betrachten wir noch einmal Fig. 24. Wir haben bei derselben gesehen, wie der völlig ausgebildete Granatapfel nach und nach das Uebergewicht über die Thierfiguren erlangt, wie diese mehr und mehr verschwinden, bis sich endlich jenes eindrucksvolle Muster entwickelt, welches mit dem Namen Granatapfelmuster bezeichnet wird und welches vom Ende des 14. Jahrhunderts an und das ganze 15. Jahrhundert hindurch bis in das erste Drittel des 16. Jahrhunderts in der Textilmusterung eine so grosse Rolle spielt. Gebildet wird dasselbe aus einer ananasartigen Frucht, welche, meist in einem kelchartigen Blättergebilde sitzend, Blüthen und Blätter hervorspriessen lässt, während die verschiedenartigsten Umrahmungen dieselbe umgeben. Die Anbringung dieses Motives im Muster ist von der grössten Mannigfaltigkeit und ist es darum auch hier nicht möglich, alle jenen vielen Variationen, welche die erfindungsreichen Zeichner des späten Mittelalters mit Hülfe des Granatapfels zu Stande gebracht haben, auch nur annähernd anzudeuten. Deshalb kann auch nur versucht werden, durch Wiedergabe einiger typischer Muster den Charakter dieser so ungemein verwendbaren Flächenverzierung auszudrücken. In Fig. 27 sehen wir alle Details, welche sich in grösserer oder geringerer Reichhaltigkeit und in der verschiedenartigsten Zusammensetzung in den Mustern des 15. Jahrhunderts wiederfinden. Inmitten steht der Granatapfel, das Symbol der christlichen Liebe, umgeben von Blüthen und Früchten, — nach der symbolischen Deutung, welche diesem Muster gegeben wird die Liebe, welche sich durch den Glauben thätig zeigt und Früchte zum ewigen Leben bringt. Die fünf-, sieben- oder neunblättrige Rose, welche den Apfel umgiebt, trägt auf der Spitze die Krone, das Verdienst, welches die aufopfernde Liebe im Jenseits findet. Die geflochtenen dornigen Zweige, welche die Zwischenräume durchziehen, weisen auf den Dornenkranz hin, der daran erinnert, dass nur durch Mühe und Kampf der Sieg und die Krone des ewigen Lebens zu erringen ist. Dieses Muster ist entnommen einem schweren einfarbigen Seidendamast und wird gebildet nur durch die Verschiedenartigkeit der Bindung in der Art, dass von dem schimmernden Atlasgrund sich das Muster in stumpfem Taffetgewebe loshebt.

In den Sammetstoffen dieser Epoche ist die Zeichnung häufig nur durch schmale Conturlinien hervorgebracht, welche in dem dichten Sammet vertieft liegend, den Atlasgrund hervorscheinen lassen (Fig. 28). Es befinden sich in unseren Museen und Kirchen derartige Muster in grosser Zahl; in den Farben sind es vor Allem ein prächtiges leuchtendes Grün, ferner Roth, Blau und Schwarz, welche durch ihre unverwüstliche Dauerhaftigkeit noch heute unsere Bewunderung erregen.

Doch nicht nur diese einfarbigen Muster, welche mehr durch den Glanz des Materials und die Schönheit ihrer tiefsatten Farben wirken, waren es, die uns Kunde geben von der hochentwickelten Textilfabrikation jener Zeit, — es finden sich sowohl in Seide wie in Sammet die herrlichsten und reichsten Texturen vor, wie sie in solcher Pracht vordem noch nicht angefertigt worden sind. Da sehen wir auf starkem golddurchwirktem Grunde in leuchtend rothem Sammet die fünfblättrige Rosenform, inmitten derselben durch Goldfäden, in Art des ungeschnittenen Sammets einbrochirt, den blühenden Granatapfel. Wir finden Seidengewebe mit glänzendem Atlasgrund, auf dem inmitten buntfarbiger Umrahmungen von Kelchen, Blüthen, Pfauenfedernete, der Granatapfel in Gold brochirt steht.

Auch Sammetstoffe mit mehreren, verschiedenfarbigen Polketten wurden fabricirt, eine Thatsache, welche hinsichtlich der vorgeschrittenen Webetechnik erwähnenswerth ist. So zeigt Fig. 29 ein Muster, welches auf gelblichem Satingrund zum grössten Theil (in der Zeichnung schwarz) aus dunkel bordeauxrothem Sammet besteht, während die grossen und kleinen Granatäpfel, die Blüthen, Wolken und Strahlen in hellrothem, grünem und weissem Sammet gewebt sind. Es ist dieses Muster noch in anderer Hinsicht interessant. Vergleicht man dasselbe mit Fig. 24, so findet man, dass der Theil des Musters, welcher zwischen den die Granatäpfel umgebenden fünfblättrigen Rosen liegt, bestehend aus scenische Thierdarstellungen, dazwischen in bescheidener Weise den Granatapfel, so sehen wir in Fig. 29 ein Muster, auf welchem die

Fig. 27. Original in der Kgl. Gewebesammlung zu Crefeld.
(½ der nat. Grösse.)

stylisirten Wolken mit daraus hervorbrechenden Strahlen und darauf sitzenden Vögeln, grosse Aehnlichkeit mit einer entsprechenden Stelle in Fig. 29 hat. Zeigt Fig. 24 noch Thiergruppen bereits zu einem Minimum zusammengeschmolzen sind, während der Granatapfel mit seiner Umgebung die vorherrschende Stelle eingenommen hat. In verschiedenen Sammlungen findet sich denn auch dieses letzte Muster mit der kleinen Abweichung, dass aus dem darin vorkommenden Vogel ein grösseres Blatt geworden ist, welches dem Mittelstamme entspriesst, so dass bei diesen drei Mustern der allmähliche Uebergang der Musterung einer Zeit- oder Stylperiode in diejenige der folgenden recht sichtbar ist.

Fig. 28. Original in der Kgl. Gewebesammlung zu Crefeld. (¹/₃ der nat. Grösse.)

Eine interessante Art des Granatapfelmusters entwickelte sich gegen das Ende des 15. Jahrhunderts. Breite, im Innern ornamentirte, wellenförmig bewegte Bänder oder Stämme wachsen in leicht geneigten Linien aufwärts, nach den Seiten Aeste entsendend, an welchen Blüthen, Blätter und kleine Granatäpfel sitzen, während die Bänder selbst in gewissen Zwischenräumen durch mächtige Granatäpfel bedeckt werden, umgeben von der mehrblättrigen Rosenform in geschnittenem Seidensammet, häufig in zwei verschiedenen Höhen. Während die in Sammet gewebten Theile des Musters meist mit kleinen eingewebten Goldöschen bedeckt sind, sind die inneren Kerne der Granatäpfel nicht selten in ungeschnittenem Goldsammet — or frisé — dargestellt. Fig. 30. Ein Vorläufer für diese Art der Musterung dürfte in Fig. 26 zu erblicken sein, bei welchem nach Wegfall

Fig. 29. Original im Schatze der Marienkirche zu Danzig. (¹/₅ der nat. Grösse.)

der scenischen Beigabe ein pflanzliches Muster entsteht, welches in seiner Anlage grosse Aehnlichkeit mit derjenigen des hier vorliegenden aufweist. Es erregen diese Stoffe in ihrer kräftigen unverwüstlichen Qualität, in ihren prachtvollen Farbeneffecten — rother oder tiefblauer Sammet auf Goldgrund — endlich die colossalen Rapporte der Muster, oft in Meterhöhe, in vollstem Maasse unsere Bewunderung und es darf wohl mit Recht behauptet werden, dass kaum zu einer anderen

Zeit Gewebe von so eindrucksvoller, decorativer Wirkung hergestellt worden sind. Diese Stoffe, welche ihrer Natur nach vor Allem sich eigneten zum Schmuck der Wände und als Behänge für die Kirche, fanden nichtsdestoweniger auch Verwendung für die Kleidung des menschlichen Körpers. Es ist die Mode des burgundischen Hofes in der zweiten Hälfte des 15. Jahrhurderts, welche, in der Anwendung ungeheurer Stoffmassen für diesen Zweck, die Möglichkeit bot, diese Riesenmuster, noch einigermaassen im Zusammenhange wirkend, zu verwenden. So sehen wir auf Bildern jener Zeit die Damen angethan mit weiten faltenreichen Gewändern, die oft meterlange Schleppe aufgenommen unter dem Arme tragend, die Edelleute vom Hofe Karl's des Kühnen bekleidet mit mächtigem Obergewande, welches durch seine übermässige Länge in Falten am Boden liegt. Die Stoffe jener Kleidungsstücke, durchzogen von den grossartigen Mustern, wie sie oben beschrieben worden sind, wurden mit Hermelin und Pelzwerk verbrämt und glitzernden Edelsteinen besetzt. Selbst die Heiligen, die Gestalten der biblischen Geschichte, wurden von den Künstlern jener Zeit dargestellt, bekleidet mit den reichen Sammetbrokaten der burgundischen Epoche. So sehen wir auf dem grossen Kölner Altarbild die heiligen drei Könige mit reichem Gefolge heranziehen, als wären sie selbst burgundische Herzöge. Die im Schmerz am Kreuze hingesunkene heilige Magdalena ist gemalt worden im glänzenden Festcostüm des burgundischen Hofes.

Dass die Kosten derartiger Stoffe in's Ungeheuerliche gegangen sein müssen, liegt auf der Hand und es darf daher nicht verwundern, wenn ein Schriftsteller jener Zeit über die Kleiderpracht und den Luxus damaliger Zeit sich folgendermassen auslässt: „Die Edelleute stecken vollständig in Gold und Silber, in Sammet und Seide, Satin und Taffetas; ihre Mühlen, Wiesen, Aecker und Holzungen, kurz, ihr Einkommen verschwenden sie in Anschaffung von Kleidungsstücken, wovon die äussere luxuriöse Ausstattung oft noch den Preis der Stoffe bedeutend übersteigt durch die Stickereien, Schnüre, Borden, Quasten, Ketten und Fransen etc., womit dieselben überladen sind."

Hatten wir die Heimathsorte jener Prachtgewebe bis zum 14. Jahrhundert hauptsächlich in Italien und im Orient zu suchen, so finden wir, dass im 14. und 15. Jahrhundert durch Uebersiedelung italienischer Weber nach Frankreich, Flandern und die Schweiz auch in diesen Ländern die einträgliche Kunstweberei mehr und mehr Fuss zu fassen beginnt. Hauptsächlich war es Frankreich, dessen Könige durch Patente und Privilegien die Webekünstler heranzuziehen und in ihren Städten sesshaft zu machen suchten. Unter den Städten war es Lyon, welches mächtig

Fig. 30. Original im Schatze der Marienkirche zu Danzig. (¹/₁₀ der nat. Grösse.)

emporblühte und durch seine schönen Fabrikate den anderen Manufacturen zu der gefährlichsten Concurrentin wurde. Es war dieses die Folge der ausserordentlichen Vergünstigung und Protection, welcher sich diese Stadt seitens der Regierung erfreute. So bestimmte u. A. ein Erlass des Königs Franz I. (1536), dass Arbeiter, welche sich in Lyon niederlassen, um daselbst Gold- und Silbergewebe, Taffete, Damaste, Sammete und sonstige Seidengewebe anzufertigen, berechtigt wären, im Königreich bewegliches und unbewegliches Eigenthum zu erwerben und unter sich durch Schenkung oder Testament ihren Frauen, Kindern, Erben etc. zu vermachen. Ebenso konnten sie ohne eine Naturalisations-Bescheinigung erben wie die Eingeborenen. Eine gewisse Zeit hindurch waren sie befreit von allen Steuern, Wegegeldern, Arbeiten, Wachen etc. Es wird berichtet, dass um die jenige der nächstfolgenden sich nach und nach vollzieht, so die allmähliche Umwandlung der Thierfigurationen in das Granatapfelmuster, so können wir auch weiter verfolgen, wie dieses letztere nach und nach Abänderungen erfährt, bis endlich wieder ein neues Motiv das vorhergehende abgelöst hat.

Fig. 31. Original in der Kgl. Gewebesammlung zu Crefeld
(⅓ der nat. Grösse.)

Mitte des 16. Jahrhunderts Lyon 17,000 Seidenweber beschäftigte, um 1675 bereits 25—30,000 und in der Glanzzeit in der zweiten Hälfte des 18. Jahrhunderts 80,000 Personen mit 18,000 Webstühlen. Sehen wir nun näher zu, wie diese Fabrikate von Lyon, Flandern und Italien im 16. Jahrhundert gemustert waren. Wenn im Vorstehenden an Beispielen gezeigt ist, wie der Uebergang aus der Styleigenthümlichkeit einer Zeitepoche in die welches, nachdem es seine Aufgabe als vermittelndes Glied in dieser zusammenhängenden Kette von Textilmustern erfüllte, nun auch wieder abstirbt, um im ewigen Wechsel der Dinge dem „Neuen" Platz zu machen. Es würde den Rahmen dieser Arbeit weit überschreiten, wollte man versuchen, die vielen vorhandenen Zwischenglieder vorzuführen, an deren Hand diese Umwandlung leicht nachweisbar ist. Es muss hier genügen, an einigen wenigen Beispielen — gewissermaassen schon weiter von einander getrennten Stationen dieser Musterumwandlungsbahn — diesen Process zu verfolgen.

Zeigt uns das mehrfarbige Sammetmuster von Fig. 29 noch die letzten Ausklänge der Thiermusterung zwischen dem entwickelten Gra-. scheiden, kaum merklich, das neue Motiv auftaucht, mehr und mehr wächst, um endlich den Granatapfel zu verdrängen und an seinem Platze, inmitten der verschiedensten Umrahmungen, sich eine Zeit lang zu behaupten. Fig. 31 giebt ein Bild von der grossen Verschiedenartigkeit der in diesem Entwickelungsgang vorkommenden

Fig. 32. Original in der Kgl. Gewebesammlung zu Crefeld.
($^1/_4$ der nat. Grösse.)

natapfel, so finden wir in dem reichen Dessin von Fig. 27 schon den ersten Anklang zu einem neuen Motiv, welches charakteristisch ist für das 16. Jahrhundert: die Vase. Es existiren von dem Muster Fig. 27 zahlreiche Variationen, bei welchen unter Anderem an Stelle der kleinen Vase die geflochtenen Zweige einem Wurzelgebilde entwachsen, welches von einer Krone zusammengehalten wird. Mit Absicht jedoch ist das in letzter Nummer gegebene Dessin gewählt, um daran zu zeigen, wie auch hier be-

Muster. Aus den im Zickzack laufenden Dornengeflechten, sowie aus der mehrblättrigen Rosenform hat sich eine feste Umrahmung aus Zweigen gebildet, welche spitzovale Felder einfassend, von den Berührungspunkten von Kelchen, Kronen etc. zusammengehalten wird. Den Hauptplatz nimmt der blühende Granatapfel in schöner reicher Zeichnung ein.

Hinsichtlich der Technik ist der Stoff, dem dieses Muster entnommen ist, gleichfalls recht interessant. Der weisse ripsartige Grund ist

von einem feinen Silberlahn durchzogen, was demselben ein ausserordentlich glänzendes Aussehen verleiht. Das Muster besteht aus tiefcarminrothem Sammet und sind die Formen sämmtlich umgeben mit einem Contur aus gezogenem Sammet — velour frisé. In der beigegebenen Zeichnung sind die in gezogenem Sammet gewebten Stellen, wozu auch ausser

spriessenden Blätter und Blüthen finden wir in Fig. 32 schon aus einer Vase hervorwachsend, welche ihre bescheidene Stellung nach und nach verlassen hat und, wie oben schon angedeutet, an den Platz des Granatapfels getreten ist. Die Umrahmung wird gebildet aus schön gezeichneten Blättern, deren Vorhandensein in ganz ähnlicher Anordnung und Zeich-

Fig. 33. Original in der Kgl. Gewebesammlung zu Crefeld. (¹/₉ der nat. Grösse.)

Fig. 34. Original in der Kgl. Gewebesammlung zu Crefeld. (¹/₇ der nat. Grösse.)

Fig. 35. Original in der Kgl. Gewebesammlung zu Crefeld. (¹/₇ der nat. Grösse.)

den Conturen die Kelche und das Innere des Granatapfels gehören, durch Schraffirung angegeben. Es gehört dieses Muster schon einer vorgeschritteneren Zeit an, was neben den, den Einfluss der Renaissance deutlich verrathenden Kelchen und Blättern auch die kleinen quadratischen und dreieckigen Füllungen, welche für das 16. Jahrhundert charakteristisch sind, andeuten.

Die in Fig. 31 dem Granatapfel so lustig ent-

nung beim näheren Eingehen auf die Entwickelung der Textilmusterung des 13. Jahrhunderts, bei Geweben arabischen Ursprungs schon nachgewiesen worden ist, wie denn auch die ganze Construction des entwickelten Granatapfelmusters in jener Zeit schon angewendet wurde (vergl. Fig. 19). Die Kelche, welche die Berührungspunkte der Blätter in Fig. 32 bedecken, sind die gleichen wie in Fig. 31. In derselben Umrahmung des zuletzt beschriebenen Musters können wir denn auch noch den Granatapfel in verschiedenen Variationen finden, ebenso wie in einzelnen Mustern Vasenmotiv und Granatapfel reihenweise in den Feldern abwechseln. Diese zuletzt erwähnten Gewebe mit Einschluss von Fig. 31 sind in ihrer Ausführung ungemein reich. Es sind meist Brokate, deren Grund aus rothem Satin besteht. Das Muster wird gebildet aus gelben und weissen Schussfäden, welche die rothseidene Kette köperartig bindet; es erhalten die Stoffe durch dieses gleichmässige Durchspielen des rothen Tones ein äusserst warmes Colorit. Die Wirkung wird noch erhöht, sobald der Stoff, wie es häufig geschieht, von einem feinen Silberlahn durchschossen wird, der in Verbindung mit den weissen und gelben Seidenfäden dem Ganzen ein reiches metallisches, abwechselnd goldiges und silbernes Gepräge giebt.

Die Renaissance mit ihrer leichteren Formengebung brachte auch bei diesen Vasenmustern die verschiedenartigsten Compositionen hervor. So kommen in der zweiten Hälfte des 16. Jahrhunderts die Blumenvasen mit ihren leichten und graciösen Bouquets nicht immer in Umrahmungen vor, welche als Uebernahme aus dem Mittelalter angesehen werden müssen, sondern es treten dieselben auch frei auf, in Reihen nebeneinander gestellt, sodass die Figuren der nächsthöheren Reihe auf die Lücken der darunter befindlichen zu stehen kommen. Fig. 33 zeigt ein solches Muster, bei welchem als Reminiscenz an die Thierfigurationen des 13. und 14. Jahrhunderts sich auch hier noch einige Vögel vorfinden, wie wir denn mehrfach in den Dessins des 16. sowie aus dem Anfange des 17. Jahrhunderts noch mitunter Löwen, Vögel und kleineres Gethier sehen können. Gewebt ist das Muster Fig. 33 derartig, dass die dunklen Conturen, Stengel und Blätter in violettem Satin gegeben sind, während der gelbe, theils mit Metallfäden durchschossene Grund, sowie die Füllungen der Vasen, Früchte, Vögel etc. streifenförmig in verschiedenen Farben, grün, weiss, violett, durch den Schuss abgeschossen sind. Durch die grosse Umwälzung, welche infolge des Auftretens der spanischen Tracht in der letzten Hälfte des 16. Jahrhunderts im Costüm eintrat, ist auch die Musterung der Stoffe nicht unbeeinflusst geblieben. Die zahlreichen Sammet- und Seidenmuster dieser Epoche lassen in der Eintheilung und Anordnung ihrer Muster deutlich die Abstammung von den grossartigen Dessins des 15. Jahrhunderts erkennen. Häufig

sind es zierliche Umrahmungen, an den Berührungsstellen durch kleine Riegel zusammengehalten, in der Mitte stehen symmetrische Figuren, entweder dem Granatapfel nicht unähnlich oder auch kleine Vasen mit herauswachsenden Blümchen, endlich auch kleine symmetrische Bouquets aus drei oder fünf zusammengefassten Stengeln mit Blüthen und Blättern gebildet. Fig. 34. Alles ist viel kleiner in den Verhältnissen, die Figuren wirken nicht mehr in ihrer Einzelerscheinung, sondern dienen nur in graziösester Weise einer angenehmen Belebung der Fläche. Es ist die Technik dieser Stoffe fast immer die gleiche. Die Muster bestehen aus geschnittenem Sammet, umgeben von Conturen aus ungeschnittenem und heben sich von einem andersfarbigen glänzenden Satingrund los. Die Seidenstoffe sind meist einfarbig und werden die Muster durch verschiedenartige Bindungen — Rips auf Satingrund — gebildet. Im Gegensatz zu den früheren Perioden sind die Farben jetzt weniger leuchtend; es sind matte, gebrochene Töne, die besonders in den Sammetstoffen von wunderbar schöner Wirkung sind. Mit der Umrahmung in den kleinen Mustern geht in der Uebergangszeit vom 16. zum 17. Jahrhundert eine Wandlung vor, welche an den gegebenen Zeichnungen zu verfolgen ist. Traten neben dem unter Fig. 34 gezeigten Muster mit Umrahmung auch schon solche auf, welche ganz ohne Umrahmung nur die innere Füllung frei neben einander gestellt aufweisen (Fig. 35), so ist doch im weiteren Verlaufe zu beobachten, wie die festen Umrahmungen sich auflösen. Man erkennt ihr früheres Vorhandensein bei vielen Mustern an kleinen diagonal gelegten Zweigen oder Balken, die, sich als Theile dieser früheren Umrahmung in die Mitte schiebend, die symmetrische Form, welche bisher daselbst ihren Platz hatte, verdrängen. Auf diese Weise, indem endlich auch die letzten Reste der früheren Umrahmung weggefallen sind, bildet sich ein neues Muster, welches aus schräg gelegten Blüthenzweigen besteht, die reihenweis nach rechts und links geneigt, nun das typische Muster für die erste Hälfte des 17. Jahrhunderts bilden.

Verfolgen wir das hier Gesagte an den beigegebenen Beispielen, so sehen wir in Fig. 34 ein Muster, welches noch vollständig die Umrahmung mit einer darin befindlichen symmetrischen Figur zeigt, die den der Vase entspriessenden Blättern und Blüthen gleicht. Es ist dieses ein einfarbiger zartrother Sammet, dessen Grund aus geschnittenem und dessen

6*

Muster aus ungeschnittenem Sammet besteht. Fig. 36 — ein einfarbig rother Seidenstoff — giebt gleichfalls als Hauptmotiv eine symmetrische Figur. Die Umrahmung ist jedoch schon

Fig. 36. Original in der Kgl. Gewebesammlung zu Crefeld. (¹/₂ der nat. Grösse.)

aufgelöst in einzelne schräg gelegte Blüthenzweige, während die an den Berührungspunkten der Umrahmung gebräuchlichen Kelche sich zu

Fig. 37. Original in der Kgl. Gewebesammlung zu Crefeld. (¹/₂ der nat. Grösse.)

einer selbstständigen Figur losgelöst haben. In Fig. 37 und Fig. 38 ist der schräg gelegte Zweig in die Mitte des Musters gerückt, während bei dem ersten Blätter, bei dem zweiten diagonal gelegte Balken das unsymmetrische Mittelmotiv umrahmen.

Es lassen sich nun eine lange Reihe von Zwischenformen nachweisen, welche den Uebergang veranschaulichen, der dann endlich zu Fig. 39 führt.

Dieses Muster ist in einer grossen Menge von Variationen im 17. Jahrhundert gewebt worden; stets dieselbe Anordnung: eine Reihe der Blüthenzweige nach rechts, die andere nach links gewendet; nur die Art der Zeichnung sowie die naturhistorische Abstammung der pflanzlichen Formen zeigt eine reiche Mannigfaltigkeit. Die derartig gemusterten Seidenstoffe jener Zeit sind

Fig. 38. Original in der Kgl. Gewebesammlung zu Crefeld. (¹/₂ der nat. Grösse.)

in den verschiedensten Farben, theils einfarbig, theils mehrfarbig hergestellt, in der Grösse variirt das Dessin vom kleinen Streumuster von kaum 5 cm Höhe bis zu Zweigen von 25 cm Ausdehnung.

Hochinteressant in technischer Hinsicht sind die Sammetgewebe, welche die gleiche Figuration enthalten. Der Grund derselben ist ungeschnittener Sammet, das Muster hebt sich in geschnittenem Sammet los und ist von einer Contur aus ungeschnittenem Sammet umgeben, welcher sich nur durch eine etwas grössere Höhe von dem Grundsammet absetzt. Wenn wir in den Sammeten des 15. Jahrhunderts schon geschnittenen Sammet in zwei verschiedenen Höhen auf einem Stoff gefunden haben, im 16. Jahrhundert den Unterschied zwischen gezogenem und geschnittenem Sammet, beides Techniken, die bei der Herstellung des Stoffes zwei verschiedene Ruthen nothwendig machen, so finden wir hier Sammet, zu dessen Anfertigung drei Ruthen, nämlich eine hohe und eine niedrige Ziehruthe, oft in grossen Dimensionen auftritt, umgeben von graziösem Rankenwerk, welches wiederum nicht selten von Vögeln und Vierfüsslern belebt ist. Im Ganzen macht sich jedoch in diesen Mustern schon eine grössere Freiheit bemerkbar, sowohl im allgemeinen Aufbau als in der Behandlung der einzelnen Formen, welche mehr und mehr einer naturalistischeren Auffassung entgegen-

Fig. 39. Original in der Kgl. Gewebesammlung zu Crefeld.
($^1/_3$ der nat. Grösse.)

sowie eine Schneideruthe nothwendig sind. Hinsichtlich der vorgeschrittenen Webekunst ist dieses Factum gewiss beachtenswerth. Neben diesen zuletzt beschriebenen, mehr oder minder klein gemusterten Stoffen, welche zur Herstellung des nach der spanischen Mode knappen Costüms damaliger Zeit dienten, wurden auch für Wandbekleidungen, Vorhänge etc. grossgemusterte Gewebe hergestellt, welche den symmetrischen Charakter in der Zeichnung länger bewahren als die Kleiderstoffe. Es wurde auch zu diesen Mustern mit Vorliebe das Vasenmotiv benutzt, welches treibt. So zeigt das unter Fig. 40 gegebene Muster, dem 17. Jahrhundert angehörend, noch vollständig die Construction der Muster des 15. Jahrhunderts; es ist ein kräftiges Mittelmotiv in eine Umrahmung gesetzt, die aus Zweigen besteht, denen Akanthusblätter und Früchte entwachsen. Doch wie ganz anders, als in den früheren Epochen ist Blatt und Frucht behandelt. Ist auch noch nirgends durch Licht oder Schattenwirkung eine plastische Wirkung zu erzielen versucht worden, so zeigen doch die stark gebogenen Blätter und hauptsächlich das „einem

Füllhorn entquellende Fruchtarrangement", das Bestreben, einer naturalistischen Wiedergabe der Pflanzenformen nahe zu kommen.

Bei der grossen Ausdehnung, welche das hier behandelte Gebiet hat, ist es natürlich, dass wir nur dem Hauptzug in der Entwickelung der Musterung gefolgt sind. Vieles Interessante, welches als Abart irgend eines Motivs oder als besonderes Erzeugniss eines einzelnen Fabrikationsortes abseits von unserem Pfade lag, musste, als hier zu weit führend, ausser Betracht gelassen werden. Je weiter wir nun kommen, um so grösser wird die Anzahl der verschiedenen Variationen, welche die Textilmusterung bietet. Durch den Einfluss des Barock- und Rococcostyles mit ihrer Willkürlichkeit, welche sich um einen strengen, constructiven Aufbau der Muster wenig mehr kümmert, geht der den Mustern früherer Epochen periodenweis anhaftende gemeinsame Grundgedanke verloren. Es wird eine Fülle von Mustern geschaffen, welche wohl im Charakter untereinander gleichen, denen jedoch ein gemeinsames Motiv fehlt, welches, wie z. B. der Granatapfel im 15. Jahrhundert, in jedem Muster wiederkehrt.

In der zweiten Hälfte des 17. Jahrhunderts sehen wir unter dem Einfluss der bedeutenden Spitzenfabrikation in Frankreich, welche namentlich durch den Minister Colbert dort zu grosser Blüthe gelangt war, eine reiche Art der Stoffmusterung entstehen. Es sind grosse Dessins, die theils aus Pflanzenmotiven bestehen, welche sich fächerartig ausbreitend umzogen werden von einge-

Fig. 40. Original im bayrischen National-Museum in München. (¹/₄ der nat. Grösse.)

wirkten, reizend imitirten Spitzenbändern. Bewundernswerth ist die Feinheit, mit welcher der durchsichtige Spitzenstoff, die Picots am Rande der Bänder nachgeahmt sind, ebenso die verschiedenen Grundmuster, welche sonst noch zur Füllung der phantastischen Formen und der durch Blätterwerk umschlossenen Räume verwendet worden sind. Fig. 41. Die Wirkung dieser grossartigen Muster wurde erhöht durch kräftige, leuchtende Farben, welche mitunter grell, häufig jedoch auch ungemein zart in der Zusammenstellung wirken, ferner durch reiche Anwendung von Gold- und Silberfäden, sowie endlich durch Effecte in den Bindungen, die von der vollendeten Webetechnik dieser Zeit Zeugniss ablegen. Es wechseln in diesen Stoffen Taffet mit Satinbindungen, verschieden feine resp. grobe Köperbindungen, Rips u. a. m. In ausgedehntester Weise bediente man sich der Brochirung,

Jahr 1720 hatte Ludwig XV. eine ausserordentliche Gesandtschaft an den Herrscher des himmlischen Reiches, den Kaiser von China, entsendet, welche, kostbare Geschenke mit sich führend, Handelsbeziehungen anknüpfen und schon vor-

Fig. 41. Original in der Kgl. Gewebesammlung zu Crefeld.
($^1/_5$ der nat. Grösse.)

welche ermöglichte, viele Farben ohne durchgehende Schussfäden anzuwenden. So bilden diese sogenannten Spitzenmuster einen beredten Beweis für den Glanz und den Luxus, welchen die Zeit Ludwigs XIV. mit sich brachte.

Unter seinem Nachfolger, Ludwig XV., machen sich in den zwanziger Jahren des 18. Jahrhunderts Motive bemerkbar, welche ihren Ursprung im fernen Ostasien haben. Um das

handene neu beleben sollte. In Folge dieser Aufmerksamkeit fühlte sich der chinesische Herrscher veranlasst, auch seinerseits dem Könige Ludwig XV. prächtige Geschenke überreichen zu lassen, welche hauptsächlich in prächtig decorirten Porzellanen bestanden; hierdurch wurde nun auf kurze Zeit in der noblen Welt Frankreichs „Chinesisch" mode. Daher ist denn auch die eigenthümliche Ornamentirungsweise jenes ternen Volkes auf den Textilerzeugnissen dieser Zeit sichtbar. Chinesische Vasen, der characteristische Drachen in eigenthümlich europäisirter Zeichnung, landschaftliche Scenerien in der merkwürdigen Perspective jenes Volkes, kahnfahrende bezopfte Söhne des himmlischen Reiches und vieles andere mehr, kurz, alle jene Darstellungen, welche wir heute noch gewohnt sind auf keramischen Erzeugnissen China's zu sehen, sind auf den reichen, golddurchwirkten Stoffen französischen Fabrikates vom Anfange des zweiten Viertels des 18. Jahrhunderts angewendet worden,

Fig. 42. Original in der Kgl. Gewebesammlung zu Crefeld. (⅓ der nat. Grösse.)

mitunter in völliger Stylreinheit, häufig auch untermischt mit specifisch europäischen Motiven. Neben den für Wandbekleidung bestimmten Stoffen, welche derartige Muster in grossen Rapporten enthielten, finden sich auch auf kleindessinirten Tapetenstoffen Anklänge an diese sonderbare Verzierungsweise. So zeigt Fig. 42 einen merkwürdigen Aufbau aus Zweigen, phantastischen Formen, Fächern und Wolken, welcher in der Zeichnung ebenso barock, wie die Textur des Gewebes interessant ist. Von dem weissen Satingrund heben sich in gleicher Farbe die äussersten blattartigen Ausläufer des Musters in Taffetbindung ab; die Conturen, einzelne Blätter und Blüthen sind durch dunkelblauen und rothen sogenannten Stickschuss hergestellt,

während die Füllungen der Formen, die Wolken etc. aus theils glatten, theils crêpeartigen Goldfäden gewebt sind.

Gleichzeitig mit diesen chinesirenden Mustern und diese noch überdauernd finden wir die Anwendung rein naturalistischer Pflanzenformen. Blumen und Blätter sind gegeben mit voller Wirkung von Licht und Schatten, die natürlichen Farben der Blumen sind nach Möglichkeit nachgeahmt. Mit Vorliebe ist die Rose angewendet worden, welche an luftigen Ranken ebenso wie in grossen wulstigen Arrangements vorkommt. Doch auch Früchte, Kirschen und Pflaumen, eine reiche Flora in Zusammensetzung mit allen möglichen phantastischen Formen, mit Architecturtheilen, Wasserfällen, Muscheln, Felsen etc. dienten der Stoffmusterung jener Zeit. Eine besonders reiche Wirkung wurde dadurch hervorgebracht, dass dem vielfarbigen Blumengebilde in Metallfäden eine Form unterlegt wurde, die, aus akanthusartigen Blättern gebildet, der ganzen Composition eine eigenartige, barocke Silhouette gab. Der farbige Satingrund ist dann weiter noch belebt durch kleine Blättchen und Knospen, welche in der Farbe des Fonds sich nur durch Taffetbindung von diesem lösheben (Fig. 43). Giebt das vorliegende Dessin eine derartige blumige Entwickelung in unsymmetrischer Form, so finden wir auch häufig eine solche in strenger Symmetrie. Leichte Stengel mit kräftigen Rosen und Blättern entwachsen irgend einer phantastischen Mittelform, nicht selten einer Vase, und tragen in ihrem weiteren Verlaufe Weintrauben, Nelken und andere Blüthenformen. Es fehlt allen diesen Compositionen mehr oder weniger der einheitliche Grundgedanke; in völliger Willkürlichkeit hat der Zeichner die Motive gewählt und sie noch willkürlicher zusammengestellt. Es kommt ihm weder darauf an, die verschiedensten Blatt- und Blüthenformen, die er in den Details vollständig naturalistisch auffasst, nun auch in der naturgeschichtlich richtigen Art und Weise aus dem Grundstamm entwachsen zu lassen, noch fragt er nach den Gesetzen der Schwere, ob es möglich ist, dass ein so feines Stengelchen alle diese wuchtigen Blumen und Fruchtgebilde zu tragen im Stande ist. Es ist wohl berechtigt, zu sagen, dass wir hier an dem Punkte der Textilmusterung angelangt sind, wo in Bezug auf Willkürlichkeit in der Wahl der Motive wie im Arrangement, in der Zusammenstellung leuchtender Farben, wie in der Reichhaltigkeit der Bindungseffecte die höchste Stufe erreicht worden war.

Von der Zeit Ludwigs XV. an zerfallen diese grossartigen, trotz aller Bizarrerie doch bewunderswerthen Dessins, um unter Ludwig XVI. einer Musterung Platz zu machen, welche an Schwächlichkeit in der Composition und Weichlichkeit in den Farben kaum etwas zu wünschen übrig lässt. Die mächtigen Rosengebilde sind zerfallenen Zeit, die nicht im Stande war, Kraftvolles zu leisten; wie im Leben alles Spielerei und Tändelei, so war es auch auf den Mustern der Gewebe. Doch nicht lange dauerte es, da kamen in Folge der Ausgrabungen, welche in Pompeji gemacht wurden, Motive in die Textilmusterung, welche den Wandmalereien des clas-

Fig. 43. Original in der Kgl. Gewebesammlung zu Crefeld.
($1/_4$ der nat. Grösse.)

zusammengeschrumpft zu ganz kleinen zierlichen Bouquets oder Sträusschen, welche matt in den Farben, häufig auf gestreiftem Untergrund das Vorhergehen einer so überaus reichen und farbenprächtigen Musterung nicht ahnen lassen (Fig. 44). In Verbindung gebracht sind diese Musterchen mit den verschiedensten Emblemen der Jagd, des Fischfangs, der Musik u. a. m., dazwischen sehen wir flatternde Bänder, Gehänge, Fruchtkörbe etc. Es ist der Abglanz einer schwächlichen, in sich sischen Alterthums entnommen waren. Sie führten nach dem erkältenden Hauche, welchen die wie Unwetter dahinbrausende französische Revolution über Kunst und Wissenschaft, Gewerbe und Handel gebreitet hatte zu dem sein Heil in der Nachahmung der Antike suchenden Styl des ersten französischen Kaiserreiches.

Somit angelangt an dem Schluss des letzten der „früheren Jahrhunderte", brechen wir diese Betrachtungen ab, es auf eine andere Zeit verschiebend, der weiteren Entwickelung, resp. dem weiteren Niedergange der Gewebemusterung nachzuforschen, um endlich zu der Zeit zu gelangen, welche einsah, dass eine Umkehr auf diesem Gebiete dringend geboten war. Diese Zeit nun,

In den reichen Sammlungen alter Original-Texturen, welche von jenem Zeitpunkte an nach und nach in den verschiedensten Städten angelegt worden sind, können wir uns durch den Augenschein überzeugen, wie es unsere Vorfahren ver-

Fig. 44. Original in der Kgl. Gewebesammlung zu Crefeld. (¹/₃ der nat. Grösse.)

welche in die fünfziger Jahre dieses Jahrhunderts zurückreicht, ist es, welcher wir dadurch, dass sie einen Hauptfactor ihrer kunsterziehlichen Bestrebungen in dem Studium der Vorbilder sucht, welche vergangene Jahrhunderte uns hinterlassen haben, die Möglichkeit verdanken, diesem Studium auch wirklich obliegen zu können.

standen, durch Anwendung oft nur geringer Mittel herrliche Effecte zu erzielen. An uns nun ist es, nach Möglichkeit die reichen Schätze, welche in den Textil-Museen aufgespeichert sind, zu durchforschen und der Industrie nutzbar zu machen, welche, wie wir gesehen haben, so wichtig für den Wohlstand oft ganzer Städte und Länder ist.